Nadine Isberner

Good Luck

NADINE ISBERNER

Good luck

**Deine Reise zu Glück,
Selbstbewusstsein
und Wertschätzung**

GOLDEGG

Umschlaggestaltung: buxdesign I Ruth Botzenhardt
Rechte Autorenfoto: Chris Reiner
Bildrechte Kern S.69: istock/Olga Ubirailo

Aus Gründen der besseren Lesbarkeit wird auf die gleichzeitige Verwendung der Sprachformen männlich, weiblich und divers (m/w/d) verzichtet. Sämtliche Personenbezeichnungen gelten gleichermaßen für alle Geschlechter.

Die Autoren und der Verlag haben dieses Werk mit höchster Sorgfalt erstellt. Dennoch ist eine Haftung des Verlags oder der Autoren ausgeschlossen. Die im Buch wiedergegebenen Aussagen spiegeln die Meinung der Autoren wider und müssen nicht zwingend mit den Ansichten des Verlags übereinstimmen.

Der Verlag und seine Autoren sind für Reaktionen, Hinweise oder Meinungen dankbar. Bitte wenden Sie sich diesbezüglich an verlag@goldegg-verlag.com.

Der Goldegg Verlag achtet bei seinen Büchern und Magazinen auf nachhaltiges Produzieren. Goldegg Bücher sind umweltfreundlich produziert und orientieren sich in Materialien, Herstellungsorten, Arbeitsbedingungen und Produktionsformen an den Bedürfnissen von Gesellschaft und Umwelt.

ISBN: 978-3-99060-330-7

© 2023 Goldegg Verlag GmbH
Unter den Linden 21 • D-10117 Berlin
Telefon: +49 800 505 43 76-0

Goldegg Verlag GmbH, Österreich
Mommsengasse 4/2 • A-1040 Wien
Telefon: +43 1 505 43 76-0

E-Mail: office@goldegg-verlag.com
www.goldegg-verlag.com

Layout, Satz und Herstellung: Goldegg Verlag GmbH, Wien
Printed in the EU

Für Emma

Inhaltsverzeichnis

Selfmade glücklich

Hast du dich schon mal gefragt, warum manche Leute vom Pech verfolgt zu sein scheinen, während andere eine Glückssträhne nach der anderen haben? Und wie entscheidet sich, wer ein erfülltes, wer ein graues Leben führen darf? Woher nehmen andere ihr Dauergrinsen, und wie vertreibt man eigentlich den Alltagsblues?

Wenn du dieses Buch in Händen hältst, dann willst du vor allem eines: Glücklich sein. Den ersten Schritt hast du schon geschafft, denn hier bist du genau richtig. Ich kenne ein Geheimrezept für mehr Glück, Selbstbewusstsein und Wertschätzung in deinem Leben und es gibt nichts, was ich lieber tun würde, als es in diesem Buch mit dir zu teilen.

Ein erfülltes Leben zu führen, heißt nicht, bei jeder Gelegenheit auf die Butterseite zu fallen. Mein eigener Lebensweg ist gepflastert von dem Verlust geliebter Menschen, Mobbing und einer Scheidung. Heute blicke ich darauf zurück und habe gelernt: Dein Leben ist, wie es ist und doch wird es zu dem, was du daraus machst.

Auf den nächsten Seiten erzähle ich dir von meinen eigenen Erfahrungen sowie Tipps und Anleitungen, die dich auf deiner Reise zu deinem individuellen Glück begleiten sowie unterstützen sollen. Damit das Ganze leichter verdaulich ist, kenne ich beim Würzen mit Humor keine Zurückhaltung. Außerdem lädt dich das Buch am Ende eines jeden Kapitels dazu ein, direkt in die Umsetzung zu gehen. Diese Übungen, wie die »Happy Wall«, die »Futtersuche« oder ein »Spoontaneous-Day« haben einen fixen Platz in meinem Leben und sollen nun auch dir goldene Momente sein. Jeder Mensch kann glücklich sein, so auch du!

Jeder Mensch kann selbstbewusst sein, so auch du!

Jeder Mensch kann sein Leben mit Freude und Liebe füllen, so auch du!

Bist du bereit, aus deinem Leben etwas Großes und Wunderschönes zu machen?

Ich freue mich, dich auf deinem Weg zu begleiten.

Alles Glück für dich!

Deine Nadine

Und da ist immer »noch mehr«!

Aufzuwachen und in sich dieses Gefühl zu spüren, dass alles gut ist. Wohlig warm, selig, geborgen, fast schon, als kuschle man mit der eigenen Seele. Es fühlt sich »rund« an, gut, warm, man kann die Wärme schon fast spüren, sie anfassen. Als säße man in einer Badewanne. Das Wasser ist genauso warm wie der eigene Körper, es umschließt einen, stört aber nicht. Es schmeichelt, streichelt die Haut. Ach, es tut einfach nur gut!

Und dann ist da die kleine Glücksblase unterhalb des Magens. Sie füllt sich, wird größer, dehnt sich aus. Alles fängt an zu kribbeln, besonders die untere Bauchregion, als müsse man einmal dringend auf die Toilette … aber nein! Es ist das Kribbeln. Dieses Kribbeln, das sich ausbreitet. Als sei man verliebt. Es breitet sich aus. In den Magen, in die Arme, Beine und Finger. Es ist überall, und ganz zum Schluss kommt es im Kopf an. Da mischt sich unser Kribbeln dann mit allen Emotionen und es entsteht ein Feuerwerk.

Es gibt nichts mehr, das nicht geht. Unsere Glücksblase katapultiert uns hoch hinauf. Wir fliegen, drehen uns innerlich, unsere Seele jauchzt, in unserer Kehle macht sich ein fast unbremsbarer Quietschlaut breit. Alles ist bunt. Schmeckt intensiv. Die Vögel singen an diesem Morgen nur für dich! Unbesiegbar, fast schon ein wenig Größenwahn macht sich breit.

Ja, dieses Gefühl ist der absolute Wahnsinn!

Es scheint fast so, als würde der Morgen in all seiner Süße nur für diesen Moment, für dich gemacht sein und du für diesen Moment geboren. Es ist so schön, dass es dich fast zu Tränen rührt, die Glücksblase hoch in deine Kehle wandert und du am liebsten schluchzen möchtest.

Kennst du diese Situation? Kennst du dieses Gefühl? Dieses Gefühl ist das Glücklichsein!

Meine kleine, eigene Glücksblase habe ich zum ersten Mal gespürt, als ich mich aufs Pferd gesetzt habe. Und dann fast jedes Mal, wenn ich mich mit dem Rad auf dem Weg zum Pferd befand. Vorfreude pur, Glück!

Ich war damals noch sehr jung und an meine kleine Glücksblase kann ich mich lediglich bis zum 13. Lebensjahr zurückerinnern. Aber die Erinnerungen sind lebendig und schön.

Je älter ich wurde, desto seltener meldete sich mein Glücksgefühl, desto weniger hatte ich das Gefühl, vor Freude und lauter Glückseligkeit die Welt umarmen zu wollen. Je älter ich wurde, desto mehr stellte ich mir die Frage, warum das so ist.

Kinder stecken bis zu den Ohren voll mit Träumen und Visionen. »Geht nicht« –gibt es für Kinder so lange nicht, bis die Erwachsenen kommen und es ihnen einreden.

Kinder versuchen. Sie fallen dabei auf die Nase und versuchen es noch einmal. Und wieder und wieder und wieder. Kinder geben ihre Träume nicht auf. Sie geben sich so lange Mühe, bis sie ihr Ziel erreicht haben. Auch, wenn das mit Getobe und Geschrei und Tränen vonstattengeht.

Ich beobachte unsere viereinhalbjährige Tochter täglich und sehe ihr dabei zu, wie sie groß wird. Ihr Fokus liegt ganz klar auf ihren Wünschen und ihren Bedürfnissen! Und werden diese nicht bedient, gibt es Geschrei! Zumindest in 90 Prozent der Fälle.

Und das ist auch gut so!

Wann haben wir angefangen, damit aufzuhören, unseren Wünschen und Träumen nachzueifern und uns selbst aus dem Fokus gerückt? Wer hat im Fokus mit uns den Platz getauscht, und kann dieser »Jemand« auch nur im Ansatz wichtiger sein als wir selbst?

Nein!

Ich bin fest davon überzeugt, dass nichts und niemand wichtiger ist, als die eigenen Wünsche und Träume. Leider verlieren wir im Laufe unseres Lebens immer mehr unser »Warum«. Der Antrieb, der einmal unser Eigen war, wird zusehends vom Mainstream vorgegeben. Wer nicht ins Muster passt, fällt hinaus.

Doch wer gibt vor, »alle« zu sein, wenn doch jeder abseits der Masse denkt und dem Gänsemarsch eigentlich den Rücken kehren möchte? Wir handeln, wie wir handeln, weil wir denken, dass es so von uns verlangt wird. Weil die authentischen Menschen, die sich innen und außen so geben, wie sie sind, eine Rarität sind. Sie fallen auf, ecken an. Und weil das Eckige so schlecht ins Runde passt, passt man sich eben an. Man verstummt, läuft im Gänsemarsch und denkt wie die anderen, weil man der Meinung ist, dass es alle so machen.

Und das ist der Tod für unsere kleine Glücksblase. Sie lebt von unserer Individualität, unserem Mut für uns und unsere Bedürfnisse einzustehen und uns groß zu machen.

Eine sehr gute Freundin sagte einmal zu mir, sie wolle nicht maßlos sein, immerhin hat sie es ja gut. »Noch mehr« zu verlangen, sei undankbar. Ist es das? Ist es dankbar, sich mit »gut« zufriedenzugeben? Wenn wir auf die Welt kommen, erhalten wir dieses eine besondere Geschenk – ein hoffentlich gesundes Leben! Ein Leben, welches wir mit Glück und Freude zu füllen, als einzige Aufgabe mit auf den Weg bekommen haben. Und ist es da nicht mehr als undankbar, sich mit dem Mittelmaß als Standard und Erfüllung für sein eigenes Leben zufriedenzugeben? Es ist eine reine Verschwendung, es ist Heuchelei! Wir sind verdammt noch einmal verpflichtet dazu, nach den Sternen zu greifen und »noch mehr« zu wollen. Als Kinder können wir es kaum erwarten, die Lebensleiter zu erklettern – Kindergarten, Grundschule, weiterführende Schule, Abschluss, Ausbildung, der erste Job, das erste eigene Geld. Und irgendwann kommt es ins Stocken. Der Leiter fehlen Sprossen, es geht nicht mehr weiter. Problematisch, denn der Wunsch nach mehr ist weiterhin präsent.

Doch wie nur soll man das »noch mehr« finden, wenn man aufgehört hat, nach den Sternen zu greifen, seinen eigenen Wünschen und Träumen zu folgen und man lediglich den Weg gegangen ist, den alle gegangen sind.

Selbstredend: Am Ende des Tages stehen wir alle einmal vor demselben Tor und verlassen durch dieses unsere Welt. Dieser Weg wird für alle der gleiche sein. Doch auf die Frage, ob ich mein Leben gerockt habe, will ich in Erinnerungen schwelgend seufzen, lächeln und mit einem Gefühl von Leichtigkeit, Dankbarkeit und Sehnsucht ins nächste Abenteuer eintauchen.

Ich will antworten können, dass ich nichts unversucht gelassen habe, um mich glücklich zu machen, dass mir kein Weg zu steinig war, um die Aussicht der höchsten Berge zu genießen, und dass es mir nie gereicht hat, mich mit »gut« zufriedenzugeben.

Ich will im Sommerregen mit meinem Mann unter dem Himmel des Südens getanzt haben, ich will meine Tochter vor Freude über die Schönheiten der Welt weinen gesehen haben, so wie ich es getan habe. Ich will Momente erlebt haben, die mir den Atem raubten und mir Gänsehaut schenkten. Ich will Gerüche in meiner Nase gehabt haben, die sich so einbrannten, dass ich bei der bloßen Erinnerung an diesen Geruch an den Ort des Erlebten zurückreisen und alle Emotionen wieder spüren kann.

Manchmal kommen so oft der allzu verfluchte Alltag, das Schicksal oder gar die Routine und machen das Hochgefühl – unsere Glücksblase – nieder. Machen es zu einem kleinen Strohhalm, an den ich mich nur erinnere, wenn ich meine eigenen Worte lese und sie mir wieder zurück ins Gedächtnis rufe.

»Besonders in schwere Zeiten zeigt sich der Charakter von Menschen«, heißt es. Die schweren Zeiten lähmen uns meist und wir beginnen aus reiner Angst oder Irrationalität und Bequemlichkeit zu handeln. Gehen wir nicht besonders und vor allem in den schweren Zeiten den leichtesten Weg? Aufstehen, atmen, den Haushalt machen, die kleine To-do-Liste des Tages abarbeiten, weiter atmen und dann am Abend zu Bett gehen. Jeden Tag, sieben Tage die Woche, durchlaufen wir unser Leben in einer irrationalen Angststarre. Highlights setzen wir uns in solchen Zeiten überwiegend keine bis wenige. Warum ist das so?

Wie fühlen wir uns nach den Tagen der Lethargie, nach Tagen, die vor lauter Starre geprägt sind, von maximaler Glücksineffizienz? Sinnlos, verschwenderisch und undankbar. Wir werden mürrisch und übellaunig-grantig, brummen uns immerzu einen in den Bart, füllen mit stetem Tropfen das Fass, das droht, bald überzulaufen. Kurz gesagt, werden wir immer mehr zum Ego-Troll.

Denn leiden können wir uns so oder so in dieser Stimmung kein bisschen. Wer schaut sich in solchen Momenten schon gerne selbst im Spiegel an und denkt sich: »Hey, du Granate! Mega, wie du aussiehst und Gratulation, dass du dein Leben nach deinen Regeln und Glücksdefinitionen lebst!« Hier ein klares Nein! Wir mögen uns an solchen Tagen und in so einer Verfassung unsagbar wenig. Wir werden ungerecht. Uns selbst und unserer Umwelt gegenüber, und suchen einen Verantwortlichen. Es wäre so viel leichter den Ego-Troll zu ertragen, wenn man Person XY dafür verantwortlich machen könnte.

»Ich bin ja nur so, weil du …« Das eigene Verhalten als Reaktion auf Aktionen der Mitmenschen zu rechtfertigen, ist einzig und allein ein Ausdruck mangelnder Fähigkeit zur Selbstreflexion. Eine großartige Seite des Erwachsenseins ist die Fähigkeit, eigene Entscheidungen treffen zu dürfen. Dass dies allerdings auch damit einhergeht, alle Folgen einer Entscheidung zu akzeptieren, blenden viele aus. Dabei ist es irrelevant, ob ich aktiv entscheide oder nicht, denn auch eine Nicht-Entscheidung ist letztlich eine Entscheidung.

Jeder von uns hat also die Möglichkeit und meiner Meinung nach auch die absolute Verantwortung, Entscheidungen zu treffen, und zwar in jeder Lebenslage. Ich muss mich nicht schlecht fühlen, weil mein Partner meint, mich anmaulen zu müssen, weil sein Tag nicht nach seinen Wünschen gelaufen ist. Und wenn der Alltag droht, mich zu einem Ego-Troll zu machen, habe ich die freie Entscheidungsgewalt, ob ich das zulasse oder mir einen Tritt in den Allerwertesten verpasse, mich aufrapple, mir mein Glücksblasen-Futter bereitlege und mich daran erinnere, dass ich es mir allemal wert bin, aus meinem Leben etwas unfassbar Geniales zu machen. Und dann mache ich weiter! Beflügelt und motiviert.

Training ist hier das A und O, damit meine Glücksblase sich irgendwann selbstständig und regelmäßig mit Futter versorgen kann. Und Sehnsucht. Oh ja, die Sehnsucht ist ein wahnsinnig guter Treibstoff! Dabei ist es egal, ob ich meine Sehnsüchte kenne oder einfach nur nach »mehr« sehnsüchtig bin. Hauptsache, die Sehnsucht ist da. Ganz tief in meinem Inneren, in meiner Seele, meinem Herzschlag, meiner Gänsehaut und meinen Träumen. Wenn das stete Pochen deines Pulses nach »mehr« verlangt, dann lass dich treiben, hör auf zu suchen, sondern lass dich finden. Ich spürte diese Sehnsucht jahrelang in meiner Brust. Die Nächte, an denen ich mit dem Gedanken nach dem Sinn des Lebens und meiner Suche nach »mehr« eingeschlafen bin, kann ich an einer Hand schon lange nicht mehr abzählen. Dabei kam die Sehnsucht in Wellen, mal war sie präsenter, mal war ich in meiner Lethargie gefangen und hörte die Stimmen aus meinem Herzen nicht rufen.

Dramatisch? Nein! Lass dir gesagt sein, deine Sehnsucht ist beharrlich, sie hat Sitzfleisch und ist unsterblich. Sehnsüchte können, um sich Gehör zu verschaffen, zu wahren Marathonläufern werden. Unermüdlich treiben sie dich voran und manifestieren sich immer tiefer in deinem Bewusstsein. So tief, dass du es nicht mehr schaffst, sie zu überhören. Es dröhnt aus jeder Faser deines Herzens, es rauscht mit deinem Blut durch die Adern, der Geschmack der Sehnsucht setzt sich auf die Zunge, er klingt in jedem Lied mit, ob im Radio, in deinem Kopf oder im Lied der Vögel, die mit ihrem Gesang den neuen Tag begrüßen. Mal zuckersüß und willkommen wie ein alter Freund, mal bitter und ihrer überdrüssig zwängt sich die Sehnsucht regelmäßig in unser Sein zurück. Du kannst sie nicht töten! Deine Sehnsucht ist an alles geknüpft, das dich ausmacht. Sie definiert deine Träume, deine Leidenschaften, deine Entscheidungen und deine Ziele. Wie ein unsichtbares Band knüpft sie Marionettenspielarme, um dich zu führen. Lass es zu!

Die Entscheidung zu treffen, dass es so nicht mehr reicht, nicht genug ist zum Glücklichsein, dass da doch mehr warten muss, kann wehtun. Jedoch nur deinem Umfeld. Der vermeintliche Schmerz um den Verlust von Beziehungen, denen man mit der Entscheidung für das »Mehr« im Leben den Rücken kehrt, rührt lediglich von Anständigkeit, Empathie und der guten Erziehung, die man einst genossen hat. Veränderungen machen uns Angst. Wir Menschen sind in erster Linie Gewohnheitstiere, und mag auch das neue gewünschte Leben auf den ersten Blick noch so attraktiv erscheinen, so bleibt der zweite Blick meist an der Gewohnheit hängen. Und man selbst an dieser.

Die meisten Beziehungen basieren nach einiger Zeit nur noch auf einem gemeinsamen Nenner: der Gewohnheit. An ihr hält man sich fest, denn sie ist planbar, überschaubar, absehbar. Wir verlassen ungern unsere Komfortzone, und nichts anderes ist eine in die Jahre gekommene Beziehung, die von äußeren Einflüssen vollkommen unbeirrt wie ein lahmes Rinnsal dahinplätschert. Input von außen gleich null. Persönliche Weiterentwicklung gleich null. Frust auf der Sehnsuchtsseite gleich 100!

Schleicht sich nun unsere Sehnsucht immer öfter in unseren Kopf und in unseren Alltag, verdrängen wir sie häufig. Mit uns durchaus plausibel klingenden Begründungen, warum wir dem alten Leben nicht einfach den Rücken kehren können, obwohl es doch unser tiefster Wunsch ist.

Mir war es damals wichtiger, meinen Ex-Mann nicht zu verletzen. Statt mich zu fragen, was ich für mich selber tun kann, habe ich mich mit der Frage beschäftigt, was aus ihm werden würde, wenn ich mich trenne. »Das kann ich ihm nicht antun!« Empathische Denkweise von mir, das muss man lobenswert erwähnen!

Natürlich möchten wir niemanden verletzen, weder bewusst, noch unbewusst und schon gar nicht, weil wir Egoisten sind und nur danach streben, uns selbst zu verwirklichen. Wo kämen wir denn da hin, wenn es alle täten? Nicht auszumalen – ekelhaft! All diese glücklichen Menschen.

Schalten wir die Ironie der Sache einmal aus, so liegt doch auf der Hand, dass wir eher bereit sind, weiterhin unseren Sehnsüchten nur in unseren Träumen zu begegnen, als anderen, und uns gegebenenfalls wichtigen, Menschen vor den Kopf zu stoßen. Paradox! Wir stellen das Wohl anderer über das unsere! Wie verrückt ist das bitte?

Selbstredend bekommt man für diesen »Ego-Trip« keine neuen Freunde in den Sozialen Medien, keinen lobenden Artikel im regionalen Tagesblatt oder ein extra dickes Geschenk von Oma zu Weihnachten, man gewinnt aber im eigenen Ansehen und die Selbstachtung steigt ins Unermessliche!

Ich habe vor Jahren den Selbstversuch gemacht und habe lange gebraucht, um diesen, für mich so wichtigen, Schritt zu gehen. Ja, ich hatte Angst. Ja, ich hatte ein unfassbar schlechtes Gewissen meinem damaligen Partner gegenüber. Ja, ich habe Freundschaften just in dem Moment verloren, als ich mich von meinem Partner trennte. Ja, es flossen Tränen und ja, es wurde nicht nur sachlich geredet. Doch ich habe mich niemals wieder so lebendig und unbesiegbar gefühlt wie in dem Moment, als ich mit einer sporadisch gepackten Tasche ins Auto gestiegen und einfach losgefahren bin. Einfach so. Weg von meinem alten Leben, weg von den für mich trostlosen Aussichten. Einfach weg!

Alles an mir hat gezittert. Meine Knie waren weich wie Pudding, mein Herz raste vor lauter Adrenalin und kopfloser instinktiver Sehnsuchtsentscheidung. Aus meinen Händen war jegliche Kraft gewichen, sie fühlten sich an wie taub. Mein Atem ging unregelmäßig und hektisch, als würde ich einen Marathon laufen. Mir war flau im Magen, fast als müsste ich mich übergeben. Emotionsachterbahn!

Ich saß im Auto, fuhr einfach drauflos und dann brach die Sonne durch die Wolken, und tief aus meiner Seele und mit voller Wucht überkam es mich: Meine Glücksblase war wieder da! Und aus vollem Hals brüllte ich und jubelte! So laut ich konnte! Ich war angekommen, bei mir, im Leben und endlich auf dem richtigen Weg, der mich zu einem Waldstück in Schleswig-Holstein führen sollte. Aufgeregt und ungeduldig wie ein Kind an Weihnachten konnte ich nicht schnell genug sein. Es schien, als machte sich diese immense Glücksblase, gepaart mit dem immer noch steigenden Adrenalin, auf zu einer wilden Achterbahnfahrt in meinem Herzen. Alles in mir war am Vibrieren, alles fühlte sich so anders an, so lebendig. Alles roch intensiver und war berauschender! Was für ein Feeling! Verliebtsein ist dagegen etwas für Anfänger! Glücklich zu sein, aus vollem Herzen, mit lachender Seele, vor Freude glänzenden Augen und dem Jubeln in der Stimme, ist für Fortgeschrittene. Denn diese Gefühle hauen dich um!

Es gibt im Leben einige Fragen, die man sich selbst stellen und auf welche die Antwort im eigenen Sinne ehrlich und direkt erfolgen sollte. »Wann war ich das letzte Mal wirklich gut zu mir?«, ist eine davon. Sicher zählen hier Schaumbäder und die Belohungsknabbereien vor dem Fernseher dazu, sind aber in diesem Falle nicht explizit gemeint. Gut, im Sinne von Seelenfutter, Wunscherfüllung und Nachhaltigkeit für das eigene Leben sind Schaumbäder nur auf den ersten Blick eine Belohnung, denn sobald der Schaum in sich zusammenfällt, sich auflöst und das Badewasser stetig kälter wird, rücken andere Bedürfnisse in den Vordergrund.

Nebst einem warmen Bademantel gesellen sich spätestens am nächsten Morgen wieder unsere Grundbedürfnisse zu unseren tiefen Sehnsüchten und Träumen. So entspannend es auch sein mag, in einer mit Schaum gefüllten Wanne bis über beide Ohren abzutauchen, hat uns der Ausflug in die Badeschaum-Karibik jedoch nur einen kurzfristigen Ausgleich gewährt und unserer Haut geschmeichelt, die Muskeln entspannt und uns Zeit gegeben, ohne Ablenkung vor dem Fernseher in uns hineinzuhorchen. Wobei die meisten Menschen sogar in der Intimität der hauseigenen Duschkacheln nicht allein sind. Ein gutes Buch, meist ein Liebesschmöker oder ein Krimi, oder das neue Album der Lieblingsband begleiten die Badewonnen.

Wollen wir uns dem guten Buch oder der neuen Musik wirklich zuwenden, oder stellen sie gar eine willkommene Ablenkung dar, damit wir uns nicht mit unseren eigenen Gedanken und Fragen beschäftigen müssen, auf die es eine Antwort zu finden gilt und genau das uns so unsagbar schwer vorkommt?

Immer wieder begegne ich Menschen, die mir davon berichten, dass sie nicht wissen würden, was ihr Herz ihnen sagt oder, dass sie sich selbst nicht mehr hören könnten und nicht begreifen, was mit ihnen los ist. Kein Wunder, bei all der Ablenkung, die tagtäglich selbst geschaffen wird. Ständig verfügbare und auf uns einprasselnde Medien sorgen für so viel Beschallung und Ablenkung, dass das Herz übertönt wird.

Wünsche und Bedürfnisse auszuformulieren, bedarf Rückgrat. In erster Linie vor sich selbst! Als Kind fällt es uns noch enorm leicht, unsere Wünsche und Bedürfnisse lauthals und wortstark zu äußern. Grenzen kennen und akzeptieren wir nicht. Je älter wir dann aber werden, desto mehr schrumpft das Gebilde unserer Traumwelt, weil wir es an Bedingungen knüpfen, an Mitmenschen und Erfahrungen. Haben wir als Kind nie das langersehnte Pony zum Geburtstag bekommen, so wird unsere Hoffnung von Jahr zu Jahr kleiner und verschwindet dann ganz. »Ich bekomme ja eh kein Pony.« In einer festen und jahrelang andauernden Partnerschaft äußern wir unsere Bedürfnisse besonders dann nicht, wenn wir der Meinung sind, dass wir damit den Partner einschränken, ihm im Weg stehen oder ihn verletzen könnten. Der urplötzliche Wunsch einer Weltreise, wenn der Partner von extremer Flugangst geplagt ist, hat wohl oder übel zur Folge, dass die Beziehung zueinander leidet und der Höhen-Meider zu Hause bleibt, sich abgeschrieben und gegebenenfalls nicht verstanden fühlt. Steigt der wunschgetriebene Partner nun nicht ins Flugzeug, dem Angsthasen und dem Beziehungssegen zuliebe, so wird diese Entscheidung irgendwann in die Luft gehen. Wenn Träume und Herzenswünsche einer anderen Person zuliebe begraben oder gar auf »später«, was meiner Meinung nach eine andere Definitionsform von »niemals« ist, verschoben werden, so ist dies Pulver für die Bombe! Äußert man also als Erwachsener seine Wünsche, so sollte man auch mit den Bedingungen konform gehen, sie gar lieben und respektieren, weil sie ja auf dem Weg zur Wunsch- und Traumerfüllung unabdingbar sind.

Es ist noch nicht lange her, da hörte ich, wie ein Vater zu seinem Sohn folgenden Satz sagte, als dieser einen Wunsch äußerte. Das »Was« und »Warum« spielen hierbei keine explizite Rolle, sondern nur die Antwort des Vaters: »Wünsche müssen auch realistisch sein!«

Entsetzen ließ binnen Millisekunden meine Körperfunktionen einfrieren und ich fiel fast ungebremst mit der Nase voraus in mein Softeis, welches ich gerade genüsslich aß. Wie bitte? Wünsche müssen realistisch sein?!

Wie um alles in der Welt kann man nicht dazu angehalten sein, sich sofort umzudrehen und dem Vater die Meinung zu geigen? Der Tragweite seiner Worte war er sich aufgrund seines eigenen miesen Mindsets wahrscheinlich nicht bewusst, aber ich möchte an dieser Stelle meine vergebene Chance von damals nutzen und sagen: Sind Sie irre? Ihrem knapp sechs Jahre alten und hoffentlich noch voller Träume, Hoffnung, Fantasie und Glaube steckenden, kleinen Jungen einzubläuen, dass Wünsche realistisch sein müssen! Wünsche sind alles, sie dürfen alles sein und jedem gehören. Doch niemals werden und dürfen Wünsche realistisch sein! Wünsche sind die Basis von Träumen, unser Futter für die Glücksblase, der Treibstoff unserer Hoffnung und der Orientierungssinn unseres Glaubens an uns! Wünsche machen unser Leben bunt, treiben uns an und lassen uns über uns hinauswachsen – eben, weil wir diesen einen so großen Wunsch haben, den wir uns erfüllen wollen. Ob der Vater von Elon Musk wohl solche Worte zu ihm gesagt hat? Oder gar der Vater von Neil Armstrong? Ich bin mir sicher, dass die Eltern der Gebrüder Wright zwar schockiert über den Traum ihrer Kinder vom Fliegen waren, jedoch stolz hinter ihnen standen. Wilbur Wrights Worte »Wer Sicherheit will, tut gut daran, sich an ein Fenster zu setzen und die Vögel zu beobachten« sind hierbei so treffend und zugleich auf die Gesamtheit des Lebens übertragbar. Angst nimmt uns sofort die Möglichkeit zu fliegen und Großes in unserem Leben erreichen zu können! Also breiten wir lieber unsere Flügel aus, hören auf unsere Wünsche, Träume und Sehnsüchte, füllen unser Leben mit bunten Momenten und unsere Seele mit Glück und leben endlich so, dass unsere Glücksblase sich vor Übersättigung erbrechen kann, weil unser Leben so grandios ist und wir kein zweites davon in der Hosentasche auf Vorrat haben.

Meine Idee für Dich

Geh auf »Futtersuche«! Was lässt deine Glücksblase vor Freude platzen?

1. _____

2. _____

3. _____

Die kleegliche Suche nach dem Glück

Es ist so paradox und bewundernswert zugleich, welchen Symbolen wir besondere Fähigkeiten zusprechen. Vom Cent, der rücklings über die Schulter ins Wasser geworfen Glück verspricht, bis hin zu zerbrochenen Scherben am Polterabend, am Baum angeschlagene Schuhe, Sternschnuppen oder Regenbögen. Alle haben ihre Bedeutung, jedes Ritual seinen Zweck und der Glaube daran besiegelt die Existenzgrundlage. So verhält es sich auch mit dem vierblättrigen Kleeblatt.

Sicher kann sich jeder von uns an freudige Kindheitstage erinnern, an denen wir Stunden damit zugebracht haben, uns auf allen Vieren durch den Klee streifend fortzubewegen. Und all das von der Hoffnung angetrieben, dieses eine besondere Kleeblatt zu finden. Jenes, welches vier, statt der üblichen drei Blätter vorzuweisen hat, wurde bejubelt, getrocknet, gehegt, gepflegt und – als glücksbringendes Symbol im Federmäppchen verpackt – zu jeder Klassenarbeit geschleppt. Wohl wissend, dass das zusätzliche vierte Blatt am Gewächs nicht in der Lage sein würde, die geometrische Gleichung besser zu lösen als unsereins mit den mathematischen Grundkenntnissen eines Wattebausches. Dennoch: Jeder kennt das Gefühl, den Ausgang einer Klassenarbeit trotz mangelnder Vorbereitung und Stoffverständnisses, von einem Glücksbringer abhängig machen zu wollen. Sei es nun der Lieblingsteddy, das Armband des Freundes oder eben das vierblättrige Kleeblatt. Wir brauchen Rituale und Symbole, in die wir unsere Hoffnung stecken können, die für uns Stellvertreter des Glückes sind. Und als Erwachsener benötigen wir diese scheinbar mehr und häufiger. Ich ertappe mich bei jedem Regenbogen, jeder Sternschnuppe, jedem Schornsteinfeger und jeder Pusteblume dabei, wie ich einen Wunsch ausformuliere und meinem »Glücksbringer« hoffnungsvoll mit auf den Weg gebe. Immer voller Zuversicht und Vertrauen darauf, dass mein Wunsch in Erfüllung gehen wird.

Dass diese Glücksboten stellvertretend für – ja für wen eigentlich – einspringen und meine Wünsche und Träume erfüllen, schafft auf eine merkwürdige und unerklärliche Weise eine vertrauensvolle Ruhe in mir. Und so ergeht es auch vielen anderen!

Doch sollten wir nicht viel mehr Vertrauen in uns und unsere Fähigkeiten haben, dass wir in der Lage sind, unsere Wünsche zu erfüllen? Ja und nein, finde ich.

Auf der einen Seite sollten wir durchaus das Vertrauen in uns und unsere Fähigkeiten niemals verlieren. Wir sind meist größer und zu mehr imstande, als wir denken. Auf der anderen Seite schafft diese Glückssymbolik jedoch auch gute Energie, Vertrauen und mit dem Glauben an etwas Größeres auch viel gute Hoffnung. Grundsätzlich ist es doch wunderschön daran zu glauben, dass es um uns herum oder gar in uns eine fantastische, Traum erfüllende Welt gibt, die durch unseren Glauben daran am Leben gehalten wird. Und so finde ich es umso schmerzender, dass wir unsere Glückssymbolik an stets rar gesäte, schlecht zu findende und kaum noch existierende Symbole knüpfen.

Um leichter zu erklären, was ich meine, hier ein kleines Beispiel: Der sonnige, warme Tag lädt zu einem Spaziergang ein.

Um uns herum befinden sich duftende Blumen, Schmetterlinge und Bienen. Die Vögel singen ihre schönsten Lieder und lassen unser Herz erstrahlen. Die Sonne wärmt unsere Haut, der Tag schmeckt nach Herrlichkeit und Glück! Unsere Füße tragen uns entlang eines Feldes, an dessen Rand sich blühender Klee zur Schau stellt. Der Kleeteppich summt, denn hunderte Bienen tummeln sich auf den Blüten und arbeiten fleißig für den süßen Honiggenuss. Vielen Dank an dieser Stelle dem unermüdlichen schwarz-gelben summenden Völkchen! Wir schlendern, den Blick suchend über den Klee, am Feldrand entlang und setzen nach zwanzig Minuten unseren Weg enttäuscht fort. Auch wenn wir nicht zum Suchen gekommen sind, zum Finden wollten wir bleiben. Der leichte und bewusst zufällig gewählte Schlendergang sollte dem Zweck dienen, durch puren Zufall über ein vierblättriges Kleeblatt und so über das Glück zu stolpern. Dass selbst jedes weitere »zufällige« Streifen durch den Klee keinen Erfolg gebracht hat, enttäuscht uns und lässt uns nun denken, wir »hätten ja eh nie Glück!« Tada! Und genau darauf wollte ich hinaus!

Da wir uns eine Symbolik geschaffen haben, die wenig in unserem Alltag zu finden ist, haben wir uns zugleich den Glauben zum Leitsatz gemacht, dass wir ja »eh nie Glück haben«. Denn: Es ist nicht genug davon zu finden. Wie doof ist das denn?

Wären wir nicht besser dran gewesen, wenn wir Kleeblättern mit drei Blättern als Symbol gewählt und uns somit suggeriert hätten, dass das Glück überall und en masse um uns herum zu finden ist?

Natürlich! Wir wollen doch aus vollem Hals und ständig glücklich sein oder hat schon einmal jemand gesagt, Glück möchte er gar nur montags bis freitags von 08:00 bis 09:15 Uhr verspüren?

Das ist doch Blödsinn! Durch die Symbolik des vierblättrigen Freundes, welcher uns zu Glück verhelfen mag, und seiner sehr wenig vorkommenden Lebenserscheinung suggerieren wir uns von Beginn an, dass es reine Glückssache ist, Glück zu finden. Paradox! Also brauche ich das, was ich finden möchte, auf der Suche, um zu finden, was ich suche. Wer denkt sich denn so etwas Dummes aus? Das kann doch nur dem gelangweilten Hirn eines Irren entsprungen sein, der es sich zur Aufgabe gemacht hat, die Menschheit in den Wahnsinn zu treiben. Dieses Rätsel, ähnlich dem »Huhn und Ei«- Irrsinn, gilt es nicht zu lösen, sondern ein für alle Mal in die Tiefen einer nie wieder aufzusperrenden Schublade zu verbannen!

Ich frage mich so oft, woher der Gedanke kommen mag, dass Glück gleichzusetzen mit einem wahren Wunder. Neigen wir Menschen wirklich dazu, grundlegend negativ zu denken und erst einmal vom Schlechten auszugehen, statt vom Guten?

Ich kenne Menschen, die gehen wirklich immer erst einmal vom Schlimmsten aus, damit sie dann, wenn das Ergebnis besser sein sollte als erwartet, positiv überrascht werden. Jedes Mal, wenn ich das höre, falle ich vom Glauben ab und dabei bin ich vor einigen Jahren schon längst aus der Kirche ausgetreten. Was ist mit diesen Menschen geschehen, ob nun als Kind oder Heranwachsender, dass sich eine solche Denkweise entwickelt hat?

Vielleicht wurde dir beim Spaziergang durch die Fußgängerzone gesagt, dass Wünsche realistisch sein müssen, oder der Weihnachtsmann kam eines Tages tatsächlich mit der Rute, statt mit der sich sehnlichst herbeigewünschten neuen Rennbahn. Oder die Eltern gaben von Haus aus schon Sprüche zum Besten, die an dem kindlichen vertrauensvollen Gedanken an Glück so stark sägten. »Mehr Glück als Verstand haben« suggeriert einem, dass man entweder Glück hat und dumm ist, oder schlau und dann niemals glücklich. Haben solche Thesen Neider aufgestellt? Menschen, die neidvoll dem schlauen und zugleich glücklichen Nachbarn missgünstig gegenübertraten?

Die ursprüngliche Definition, die sich vom Glück findet, stammt aus 1160: »Gelücke« bedeutete damals noch ganz allgemein »Zufall, Schicksal oder Geschick«. Legt man diese altertümliche Bedeutung auf die bestehende Symbolik um, ergibt deren Rarität durchaus Sinn. Denn, wenn Glück lediglich »Zufall oder Geschick« bedeutet, dann macht das seltene vierblättrige Kleeblatt als Sinnbild für selten gefundenes Glück durchaus Sinn. Die Frage bleibt im Raum, ob wir dennoch bereit sind und es für uns gut ist, Sinnbilder und Symbole für das Glück zu haben, die rar gesät sind und Seltenheitsgrad besitzen, oder ob es nicht an der Zeit ist, dem Glück entweder eine andere Symbolik zuzusprechen oder gar ein anderes Wort dafür zu wählen? Wie würde sich unsere Welt, unser Blick für Wunder und unser Gedankengut verändern, wenn wir tagtäglich umgeben wären von Glücksbringern, Glückssymbolen und der damit verbundenen Freude? Der schmale Grat, der entstehen würde, würde sich zwischen zwei Extremen einpendeln:

Der *Selbstverständlichkeit* und der *Fassungslosigkeit*.

Zum einen würden wir Gefahr laufen, dass wir, überhäuft von dem uns umgebenden Glück, dieses als *selbstverständlich* erachten und es somit an Bedeutung für uns verlieren würde, weil wir es nicht mehr wertschätzen. Zum anderen bestünde die Möglichkeit, dass wir absolut *fassungslos* vor lauter Glückseligkeit jeden Morgen aus dem Bett springen und uns auf den neuen Tag mit all seinem guten Tun freuen würden, wohl wissend, dass uns nichts als GLÜCK erwartet.

Für mich entsteht bei dem Gedanken an letzteres Szenario ein gutes Gefühl. Die Vorstellung, vom Glück umgeben zu sein, egal was der Tag einem sonst bringen mag, klingt für mich wundervoll und zugleich wie der absolute Joker für alles. Denn kein Geld der Welt, keine Macht, keine für immerwährende Gesundheit bringt dir etwas, wenn du beim Überqueren der nächsten Straße vom Auto überfahren wirst. Ja, dieser Vergleich ist makaber, entspricht aber durchaus der Realität.

Ich wünsche mir für uns alle eine neue Definition von Glück und eine weitreichendere Symbolik, eine, die uns täglich begrüßt, Freude bereitet und bei der wir nicht mehr suchend durch die Gegend streifen. Ich wünsche mir für uns, dass wir die Suche einstellen können, stattdessen gefunden werden und auf dem Höhepunkt unseres Happy Ends, wie im Film, abgeblendet wird.

Meine Idee für dich

Erschaffe dir deinen Glücksbringer und sei dir seiner Kraft jeden Morgen aufs Neue bewusst. Deiner Kreativität sind keine Grenzen gesetzt, bedenke jedoch, dass die Wirkung umso größer ist, je persönlicher dein Bezug zu dem Symbol ist.

Spieglein, Spieglein an der Wand

Wir sind die Schönsten im Land! Zumindest sollten wir diese Meinung hochachtungsvoll von uns selbst haben. Wir sollten uns gern ansehen, uns gern reden hören, uns gern auf Videos sehen und uns beim Karaoke selbst den lautesten Applaus geben. Ohne Fake! Ohne übertriebene Affektivität und Lächerlichkeit. Ich meine es ernst! Wirklich ernst!

Wir sollten beginnen, uns in unseren eigenen Spielen zur Hauptfigur zu machen, unser eigener Superheld zu sein und uns anhimmelnd vor den Spiegel zu stellen und auszurufen: »Spieglein, Spieglein an der Wand ... ach, was soll die dumme Fragerei – ich bin eh die Schönste im Land!« – und zwar mit voller Überzeugung. Gemeint ist jetzt nicht nur die äußere Hülle – das gewünschte Adonis-Abbild im Spiegel zu begutachten ist sicher wundervoll und einen Anreiz wert, dennoch ziele ich auf die Gesamtheit hin. Körper, Geist und Seele – diese drei. Eine Einheit. Hinkt das eine, hakt es im anderen und so weiter. Der Rubel rollt dann nicht mehr so fluffig, wenn's im Getriebe knirscht. Das Hauptaugenmerk legen die meisten Menschen heutzutage auf ihren Körper, das äußere Erscheinungsbild. Dies gilt für Männer und Frauen gleichermaßen. Poser sind in jedem Geschlecht zu finden und dass folgende Beispiele speziell auf uns Frauen ausgelegt sind, liegt sicher darin begründet, dass ich eine Frau bin und mich in diese Rolle wesentlich besser versetzen kann. Denn auch ich habe schon einige Versuche hinter mir, das perfekte Bild in den Kasten zu bekommen und kann mit Bestimmtheit sagen, dass es für einen Laien nicht einfach ist. Die sozialen Medien sind voll von sonnengebräunten, durchtrainierten und frisch den Fluten des Meeres entstiegenen Superschnittchen mit Föhnfrisur, wasserfestem High End Make-up und so viel Filter vor der Linse, da würde kein Tropfen Kaffee mehr den Weg zum Becher finden. Meine wichtigste Frage an dieser Stelle an die Frauen, die ihre Superkörper in Slow Motion, leicht räkelnd, sich das Meerwasser tröpfchenweise von den Lippen leckend und die Haare nass nach hinten werfend vom Meer zum Badehandtuch bewegen: »Wer hält die Kamera?« Ich möchte mich nicht zu weit aus dem Fenster lehnen – schon allein nicht wegen meiner Höhenangst – jedoch wage ich einmal einige Vermutungen, wer die Kamera NICHT halten wird:

* **Erstens und für viele jedoch am naheliegendsten – der Freund/die Freundin/Partner/Ehefrau/Ehemann.**
  Welcher Partner, der auch nur ein wenig auf sich hält, würde denn seine so unfassbar sexy bessere Hälfte stundenlang dabei filmen, wie sie/er schließlich die vermeintlich schärfste, ungestellteste gestellte Pose findet, um sich aus dem Wasser zu räkeln, nur um dieses Bildmaterial dann wildfremden Personen zu präsentieren? Keiner, der nicht gerade aus Mangel an Selbstbewusstsein und Hoffnung auf imaginäres Schulterklopfen für den »heißen Partner« meint, die eigene Wertigkeit und das Ansehen würde linear zu den Klicks auf das Video steigen.

* **Zweitens – die Eltern**
Da die sich in den Wellen räkelnde Elisabeth-Sophie eh erst einen Mann küssen, daten, genauer ansehen und überhaupt von dessen Existenz erfahren wird, wenn der Papa das erlaubt, müssen wir diesen Punkt nicht weiter ausleuchten. Und nun »komm endlich aus dem Wasser Kind, und zieh dir etwas über, das ist ja anstößig!«.

* **Drittens – die beste Freundin**
Sie kennen sich seit dem Sandkasten. Haben zusammen geweint, gelacht, ihre Periode bekommen, den ersten Freund verloren, Liebesbriefe geschrieben, Poesiealben bemalt, Zukunftspläne geschmiedet, Pferde gestohlen, Pferde zurückgebracht (nachdem die Polizei mit Jugendknast drohte), Make-up-Sünden auf Polaroid festgehalten und Geheimnisse für sich behalten, kurzum – sie sind wie Schwestern. Nur ohne Streit!
Und weil der beste Freund zugleich der beste Spiegel ist, den man haben kann, wird die bessere weibliche Hälfte das erste unscharfe Video einstellen, bei der besagte Model-Freundin von der Welle gepackt, umhergeschleudert und unzerkaut wieder ausgespuckt wird. Haare im Eimer, das wasserfeste Make-up fällt durch Stiftung Warentest mit einer glatten Sechs und am Körper kleben mehr Algen als am Sushi beim Japaner um die Ecke.
Die Welt soll die Freundin sehen wie sie ist – lustig, tollpatschig, Nichtschwimmerin und auf wundervolle Weise unperfekt. Und nachdem das Video für wenige Sekunden online war, wird es aus dem Netz genommen und wie alle gemeinsamen Geheimnisse sicher bewahrt.

Denn es macht so unendlich viel Spaß, mit etwas Schadenfreude und Sekt, das Video in Dauerschleife laufen zu lassen. Und lachen ist attraktiver als gestellter Perfektionismus!

Warum ist es uns dennoch so wichtig, was andere von uns denken, über uns sagen oder wie andere sich in unserer Nähe fühlen? Die Menschen, die sich in unserem unmittelbaren Umfeld befinden, mögen uns. Ziemlich sicher. Wer verbringt schon gern viel Zeit mit Menschen, die einem nicht zusagen, die man nicht mag und ziemlich zum Kotzen findet? Schließlich beruhen unsere Partnerschaften und Freundschaften – vor allem je intimer und intensiver sie sind – auf beidseitigem Einverständnis, Akzeptanz und Anziehung. Sympathie! Gemäß dem Motto »Gleich und gleich gesellt sich gern« teilen wir mit den uns wichtigsten Menschen meist die gleichen Hobbys, Leidenschaften oder verfolgen die gleichen Ziele.

So bilden sich unterschiedliche Freundeskreise: Die Reitfreundinnen, die Feiermädels, die Jungs vom Fußball oder die liebste Arbeitskollegin, mit der man seit neuestem Zumba macht. Egal, wie sich die Konstellationen zusammensetzen, die gemeinsamen Interessen verbinden. Tiefgang und Intensität beeinflussen in solchen Beziehungen meist Dauer und Ausgang. Wenn zwei Mädels Pferde gernhaben, heißt es dennoch nicht zwangsläufig, dass sie auch Freunde werden. Besonders nicht in der Reiterwelt. Reiter sind ein komisches Volk. Ein sehr komisches Volk. Männer wie Frauen. Wobei die Stutenbissigkeit ihren Namen nicht umsonst in der weiblichen Ableitung findet. Und ja, ich darf das sagen. Ich bin eine Reiterin!

In jeder Art und Form der Beziehung geht es grundlegend um gegenseitige Anerkennung, Respekt, Loyalität und Wertschätzung. Selbstredend spielt die Liebe in Beziehungsfragen eine immens große Rolle, jedoch bin ich der Auffassung, dass das eine ohne das andere nicht funktioniert. Es baut aufeinander auf. Stützt sich. Es ist die Basis des Großen und Ganzen. Eine Freundschaft kann zwar aus Liebe zu einem gemeinsamen Hobby entstanden sein, hat aber wenig Bestand, wenn die Wertschätzung fehlt. Sinnbildlich gesprochen: Man möchte zwar so gern gemeinsam in den Reiturlaub fahren, weil man ja »so viel Spaß als Freundinnen hat«, aber wie die doofe Kuh da hinkommt, kann sie selbst sehen. Hart! Sehr hart! Und immer wieder Alltag in deutschen Ställen. Während mit der Reitfreundin noch gestern über den wunderbaren Ausritt philosophiert wurde, so wird heute über ihren Hintern in der doch sehr unpassend engen Reithose gelästert.

Meine Eltern haben mich als Kind immer davor gewarnt, nicht zu nah am Pferdepo vorbeizuschleichen, aus Angst, ich könnte vom Pferd getreten werden. Ach, wie naiv meine Eltern doch waren. Ein Pferdetritt ist im Vergleich zu manchen »Reiterfreundschaften« ein Klacks!

Früher oder später werden Freundschaften, die auf einem gemeinsamen Hobby basieren, sonst aber keinerlei Werte miteinander vereinen, kläglich scheitern. Wie der Reiter vorm Wassergraben. Platsch. Hineingefallen!

Dabei bedarf es nicht immer der großen Gesten, um sich anerkennend, wertschätzend, respektvoll und loyal zu verhalten. Meist sind es die kleinen und auf den ersten Blick unbedeutenden Gesten, die das Ruder herumreißen können. Doch warum ist es so? Warum benötigen wir Anerkennung und Wertschätzung?

Man stelle sich nur einmal folgende Ehe vor: Beide Ehepartner sind Mitte 30, schon seit zehn Jahren verheiratet und eigentlich glücklich. Wobei »eigentlich« das Wort des Teufels ist und jede weitere Aussage schmälert. Nachdem die rosarote Brille in den Kleiderschrank zu den Blazern mit den zwanzig Zentimeter dicken Schulterpolstern gelegt wurde (keine Sorge, irgendwann ist das mal wieder »in«), kehrt der Alltag in die Beziehung ein. Man arbeitet viel, weil das ja so sein muss beziehungsweise der Großteil der Bevölkerung es so macht, und weil es alle so machen, muss es wohl richtig sein. Das sollte man im Übrigen mal Schweinen erzählen. Brennt der Stall, rennt eine dumme Sau los. Hinein ins Feuer. Und alle anderen hinterher. Weil es alle so machen. Habe ich zumindest mal erzählt bekommen. Nun ja, der Spanferkelmoral muss ich wohl nichts mehr hinzufügen, oder?

Zurück zur Ehe! Es wird viel gearbeitet, wenig Zeit miteinander verbracht und weil die 60-Stunden-Woche dermaßen an den Energiereserven saugt wie ein hungriger Säugling an der Brust der Mutter, fällt man am Abend nach dem einmal mehr oder weniger häufig vorkommenden gemeinsamen Abendessen schweigsam nebeneinander aufs Sofa oder ins Bett. Die Sexualität macht gemeinsam mit dem Schulterpolster-Blazer eine sechsmonatige Pause im Kleiderschrank, und alle sind »eigentlich« glücklich. Denn, es ist ja nur eine Phase. Bald sind Schulterpolster wieder IN, die Arbeit weniger, die Zeit füreinander mehr und der Sex besser denn je. Ach echt? Wen wollen wir denn damit auf den Arm nehmen?

Gut, Schulterpolster bekommen sicher wieder ihren Auftritt, die Beziehung hingegen stirbt einen langsamen und sicheren Tod! Vorausgesetzt, dass auch die Beziehungswerte so wenig Überlebenschancen haben, wie eine Tüte Gummibärchen im Kindergarten, ist der Beziehungstod ganz klar besiegelt. Rücken hingehen die Werte wie zum Beispiel Wertschätzung, Loyalität, Vertrauen, Liebe, Respekt, Offenheit und Verbundenheit in den

Vordergrund und erhalten Präsentationsfläche, so bin ich davon überzeugt, dass dies das Beziehungsleben extrem verlängert. Angefangen vom liebesbekundenden Lippenstiftgeschreibsel auf der Spiegelseite des Liebsten über das Leibgericht am Abend oder die »Guten Morgen«-Whatsapp zu Beginn des Tages. Kleine Gesten mit großer Wirkung. Wenn sie denn wahrgenommen, reflektiert, wertgeschätzt und zurückgegeben werden.

Denn neben all dem Alltag und dem ganzen anderen Mist, der eine Beziehung zerstören kann, ist doch dies der elementare Punkt. Wird das Bemühen nicht gesehen, werden WIR in unserem Handeln und Sein nicht gesehen, ist es unerträglich.

Ist der Alltag miteinander eh schon eintönig und trist, setzt eine Nicht-Antwort auf eine »Guten Morgen«-Whatsapp dem Ganzen doch die Krone auf! Ignoranz! Wir fühlen uns schlichtweg ignoriert. Unwichtig. Unbeachtet.

Wobei ich mich hierbei frage, warum das so ist, und was in Teufels Namen denn bitte so schwer sein kann, aus den zwei Sekunden, in denen man diese dämliche Whatsapp liest, weitere vier Sekunden werden zu lassen und dem Partner eine kurze, aber wertschätzende Antwort sendet. Was zum Geier kann denn in dem Moment so viel wichtiger sein? Immerhin hat man das Handy doch ohnehin schon in der Hand! Es erschließt sich mir in keiner Weise. Die einzige Erklärung, die ich gelten lasse, ist die Verwandlung des Telefons in eine tickende Zeitbombe mit einem Zwei-Sekunden-Countdown. Wegwerfen, in Deckung bringen – peng! Jede andere Begründung ist Blödsinn. Viel heiße Luft. Nichtig. Wertlos. Und am Ende steht die Aussage klar im Raum: Bekommst du auf deine nette und wertschätzende Nachricht keine Rückmeldung, auf deine Botschaften am Spiegel, den kleinen Zettelchen auf dem Kopfkissen, Liebesbriefen auf dem Schreibtisch oder dem Lieblingsessen am

Abend kein Feedback, wirst du nicht gesehen. Du bist wertlos geworden. Selbstverständlich. Und diesen Zustand kann und darf niemand hinnehmen! Ich persönlich finde, dass alles, und zwar wirklich alles, das nicht guttut, wegkann und muss! Natürlich, und das bitte ich zu beachten, sollte man stets den Versuch unternommen haben, die Beziehung zu retten. Im Rahmen der aktuellen Wegwerfgesellschaft, die wir geworden sind, trennen wir uns meist sehr schnell oder tauschen aus. Für das Gute darf man kämpfen, doch was nicht gut wird, darf gehen. Wir sollten uns um unser selbst willen nur noch mit Menschen und Dingen umgeben, die uns zum Lächeln und die besten Seiten an uns hervorbringen, unsere Sonne heller strahlen lassen, unseren Augen ein größeres Funkeln und unserem Lachen einen helleren und lauteren Klang verleihen. Wir sind so schön, wenn wir glücklich sind. Und wir haben es tagtäglich selbst in der Hand, die wunderschönsten Menschen zu sein.

Strahlt die Seele und lacht der Geist, kommt der Körper nicht darum herum, sich von seiner zarten und zum Anbeißen einladenden Schokoladenseite zu zeigen. Apropos Schokolade! Wo wir doch gerade bei der absolut süßesten und sündigsten Versuchung seit Beginn der Diätpläne sind – ist schon einmal jemand über die Aufmachung von Frauenzeitschriften gestolpert? Beginnend mit wundervollen Orten, an die es sich zu reisen lohnt oder man dort hinreisen sollte, wenn man seinem Rheuma etwas Gutes tun möchte, wird man mit Klatsch und Tratsch über alle bekannten und mir völlig unbekannten A-, B-, C-Promis, Blaublütern und denen, die es mal werden wollen, versorgt. Dann folgt ein spannender autobiografischer Teil einer Powerfrau, die den untreuen Ehemann besiegt, 25 Kilo verloren und schließlich die große Liebe zu sich und ihrem Urlaubsflirt in einem der vor wenigen Seiten angepriesenen Ländern gefunden hat. Und das nur dank ihres neuen Traumbodys! Ach, und alleinerziehende Mutter von drei Kindern und Leiterin eines Großkonzerns ist sie selbstverständlich auch. Und »nein – eine Putzhilfe kommt ihr nicht ins Haus«. Baff erstaunt und ein wenig neidvoll blättern wir nach der Lobeshymne über Frau Super weiter und landen bei den ersten Rezeptideen: Yummie – der Doppelkäse-Makkaroni-Auflauf mit extra viel Sahne sieht super aus. Ja, die paar Kalorien versperren uns den Weg zum Traumbody von Frau Super nicht sofort. Und sowieso haben wir das ja gar nicht nötig, immerhin sind wir ja noch glücklich verheiratet.

Meine Idee für dich

Erschaffe dir einen guten Glaubenssatz und sage dir diesen die nächsten 30 Tage morgens und abends vor dem Spiegel auf. Wie fühlst du dich nach dieser Zeit?

Ein positiver Glaubenssatz könnte wie folgt lauten:

* ✱ »Ich bin jeder Herausforderung gewachsen!«
* ✱ »Ich bin genau richtig so, wie ich bin!«
* ✱ »Ich werde respektiert und geliebt!«
* ✱ »Ich bin liebenswert!«
* ✱ »Ich bin schön!«
* ✱ Mein guter Glaubenssatz lautet:

    _____

Ausemanzipiert

Emanzipation. Was für ein Wort! Der Duden versteht darunter sowohl allgemein die Befreiung aus einem Zustand der Abhängigkeit, als auch die rechtliche und gesellschaftliche Gleichstellung der Frau mit dem Mann.

Dem Zungenbrecher unterliegen mittlerweile diverse Synonyme und Verben. Doch was verstehen wir in der heutigen Welt wirklich darunter, und schmeckt jedem die emanzipierte Frau auch?

Stellt man sich ein Vorstellungsgespräch in einer renommierten Anwaltskanzlei einmal vor, so entsteht folgendes – sicher auch diversen Hollywoodstreifen geschuldetes – Bild: Am auf Hochglanz polierten und vor Kälte strotzenden Glastisch sitzen die Vorstandsmitglieder, deren enge Krawattenknoten und das prägnante Eau de Toilette einem den Atem rauben. Knigge-konform liegen vor jedem Mitglied Papier und Stift für die Gesprächsnotizen bereit, man trinkt stilles Wasser, das so temperiert ist- wie der Eingangsbereich der Kanzlei – frische minus sechs Grad Celsius. Heiße Typen brauchen coole Räume, so sagt man doch?

Folgende Geschichte soll sich, nach Aussage einer Freundin, tatsächlich wie folgt abgespielt haben:

Die anzugtragenden Gestalten im Wartebereich besagter Kanzlei sammeln sich, gehen im Kopf noch einmal kurz ihr cooles Image und die gewonnenen Fälle durch, prüfen ihren nach

Pfefferminz duftenden Atem, checken mit einem kurzen Zwinkern zur Empfangsdame noch einmal ihren Coolnessfaktor und betreten selbstsicher und mit einer »ich habe Feuer gemacht« geschwellten Brust den Konferenzraum. Bereit, sich den lapidaren Fragen der Vorstandsmitglieder zu stellen und zu berichten, was man doch für eine Rampensau ist. Schnell ist man auf einer Wellenlänge: Fußball, Basketball oder Golf. Es finden sich sportliche Gemeinsamkeiten, auf denen die Gesprächswelle lange surft. Kurz noch einmal den beruflichen Werdegang angesprochen und schon ist klar: Der Typ hat Eier! Und ein Handicap von drei hat er auch noch. Der taugt etwas. Den können wir gebrauchen!

So oder so ähnlich laufen neun von zehn Bewerbungsgesprächen ab. Neun Männer hinterlassen zum Großteil einen bleibenden Eindruck und die zehnte Gestalt, die mehr durch einen Händedruck wie ein Aal auffällt als durch selbstbewusstes Auftreten, fällt klar aus dem Raster. Nummer zehn in der Reihe des nachmittäglichen Bewerbungsmarathons ist eine junge Frau Mitte dreißig, Mutter von zwei Kindern im schulfähigen Alter, grandioses Studium, attraktiv, adrett gekleidet und im Gepäck eine Reihe gewonnener Fälle. Nach Betreten des Raumes wird vorerst ihr Erscheinungsbild begutachtet. Hübsches Gesicht, auffallendes Dekolleté, dunkelblondes Haar mit hellen Strähnchen, maniküre Nägel und schmale Füße. Während Hüfte und Hinterteil der adrett gekleideten und zurechtgemachten jungen Frau jedoch deutliche Spuren der Geburt von zwei Kindern aufweisen, stecken die schmaleren Beine in einem gutsitzenden Hosenanzug. Dem Outfit angepasste Pumps runden das Bild ab.

Sie stellt sich vor, berichtet von ihrer beruflichen und privaten Laufbahn, legt Zeugnisse vor, ist höflich, ohne aufdringlich zu sein, mutig und selbstsicher ohne eine Spur von Größenwahn und Arroganz zu zeigen. Das Beschnuppern ist schneller vorbei, als bei ihren männlichen Mitbewerbern und sie muss sich dem Kreuzverhör stellen. Abschließend wird der jungen Frau die Frage gestellt, ob sie der Meinung wäre, nebst ihrer Karriere in der Kanzlei ihren Pflichten als Mutter nachkommen zu können. »Meine Kinder sind nicht nur gut versorgt, sondern genießen das Privileg, dass ihr Vater sie zu Hause in Empfang nimmt, mit ihnen isst, die Hausaufgaben erledigt und sie zum Sport fährt, sobald sie mittags aus der Schule kommen.« »Also ist Ihr Mann Hausmann?« »Ja!« »Vielen Dank, wir melden uns!« Aus die Maus, du kannst nach Haus! Die junge Frau wird nie wieder etwas von der Kanzlei hören.

Nebst ihrem breiten Becken, welches das sonst so fabelhafte Erscheinungsbild gravierend dezimiert und dem Aushängeschild der Kanzlei einen gehörigen Rechtsdrall verpassen würde, hat sie ihr emanzipiertes Auftreten schlichtweg aus dem Rennen geschleudert wie ein Formel-1-Auto auf nasser Strecke bei 290 Kilometer pro Stunde. Wie kann man(n) nur zu Hause sitzen und die Kinder hüten, während Frau sich von ihren eigentlichen Aufgaben so weit entfernt, dass man ein Fernglas benötigt, um sie noch als solche zu erkennen? Wieso setzt sie Kinder in die Welt, wenn sie nicht bereit ist, sich auch um sie zu kümmern? Und was ist das bloß für eine Lusche zu Hause, die den Zirkus auch noch mitmacht? Will sie hier doch tatsächlich zwischen all den Herren der Schöpfer Eier beweisen, wo sie doch keine hat? Nun gut, sie hat die besten Referenzen und wäre theoretisch auch die beste Wahl – jedoch nur theoretisch! Denn, wenn die werten Anzugtragenden, Krawattenknotenrichtenden, ihre Aktentasche wie Schwerter der Macht vor sich hinschwingenden Vorstandsmitglieder sich das »arme Mädchen« in einem Duell mit dem Kollegen aus der Pflichtverteidigung vorstellen, dann wollen sie sie eigentlich nur schützen.

Und da »eigentlich« das Wort des Teufels ist, steckt hinter all dem Getue und Getöse nur eines: Angst! Irrationales Denken und alles Neue, Unbekannte macht uns erst einmal Angst. Und so verhält es sich auch in dem oben genannten Fall – Obacht, Wortspiel! Um meine Vermutung genauer zu verdeutlichen, möchte ich zu einem Fund aus dem Internet kommen. Dieser strotzt nur so vor lustigen Anekdoten und Verhaltensregeln für die gute Ehefrau. So ist im Handbuch für die gute Ehefrau von 1955 Folgendes festgehalten:

”

Eine gute Ehefrau hat ihrem Ehemann stets zuzuhören, da all das, was er zu sagen hat, weitaus wichtiger ist als ihre eigenen Gedanken. Nachdem er vermutlich einen schweren Tag hinter sich hat, darf eine gute Ehefrau es ihrem Ehemann auch nicht übel nehmen, wenn dieser einmal etwas später nach Hause kommt. Niemals sollte sie ihn ausfragen, bedrängen oder seine Worte anzweifeln – denn der Ehemann hat immer recht!

Quelle aus dem Handbuch für die gute Ehefrau, 1955

Vorerst sitzt der Schlag in die Magengrube doch recht tief und eindrucksvoll, wenn besonders Frau sich das durchliest. Lässt man einmal das Gerücht außer Acht, es handle sich dabei um einen scherzhaften Text, wird deutlich, dass hier wohl jemand am Werk war, dem nicht bewusst war, dass trotz dieser damals so üblichen Sichtweise, selbige von wenig Selbstbewusst-sein und eigener Wertschätzung zeugt. Beleuchten wir einmal alle Punkte im Detail, so stecken folgende Kernaussagen dahinter:

* Du, liebe Haus- und Ehefrau, bist unwichtiger und dein Wort ist uninteressant
* Die Ehefrau ist gesetzt. Als Hausmann nimmt man sich alle Freiheiten heraus, ohne Rechtfertigung und Begründung.
* Stellt eine Frau den Status quo infrage, kennt also ihren Platz nicht, ist sie keine gute Frau mehr. Ihre Wertigkeit wird an ihre Leistungen geknüpft.

Puh. Das ist armselig! Und traurig! Und entsetzlich! Und ohne Wertschätzung. Eine Partnerschaft auf Augenhöhe stellt man sich doch ganz klar anders vor. Zumindest stelle ich mir eine Ehe in der heutigen Zeit anders vor. Da seit Erscheinen des Handbuchs gerade mal 68 Jahre vergangen sind, ist fraglich, ob sich diese Einstellung der Männerwelt uns Frauen gegenüber wirklich so gewandelt hat. Während 68 Jahre in der Technologie einen gewaltigen Entwicklungsfreiraum bieten, bezweifle ich stark, dass selbiges für die empathische Entwicklung auf Augenhöhe in der sozialen Gesellschaft gilt.

Bei der Entstehungsgeschichte des Handbuches sind zwei Szenarien möglich – entweder ist der Verfasser ein Mann gewesen oder aber eine Frau. Und nun schmeiße ich wohlwollend eine Frage so weit in den Raum, wie Aaron Judge von den New York Yankees den Baseball zum Homerun schleuderte: Warum? Die Beweggründe hinter der Entstehung des Handbuchs werden je nach Szenario komplett unterschiedlich sein und doch so identisch wie siamesische Zwillinge!

✳ Szenario 1: Der Verfasser des Handbuchs ist ein Mann

Der Gentleman öffnet Türen, hält den Mantel zum Einstieg bereit, ist zuvorkommend, wertschätzend und aufmerksam. Macht Komplimente, und an seiner Seite ist Frau nachweislich mehr als nur ein nettes Schmuckstück. Sie ist seine Aufwertung, sein Topping auf der Sahnehaube. Sie ist der Grund, weshalb er strahlen kann, denn sie ist diejenige, die ihn zum Gentleman macht. Würde es SIE an seiner Seite nicht geben, wären sein Charme und seine zuvorkommenden Gesten nett in den Wind geschossen. Wie ein Theaterstück mit heruntergelassenem Vorhang. Bringt keinem etwas. Will keiner sehen und erst recht will keiner sich zur Schau stellen, wenn niemand zusieht.

Somit profitiert der Gentleman von der Frau. Er kann ohne sie nicht sein, wer er ist! Er nutzt sie zu seinem Vorteil. Er braucht es, es ist seine Natur, sein Sein. Gentleman-Fürsprecher könnten nun behaupten, es handle sich hierbei um eine symbiotische Beziehung, da auch die Frau ihren Profit daraus schlägt. Jein.

Selbstverständlich spreche ich mich definitiv für eine bezahlte Essensrechnung im Sinne der Haushaltskasse der Frau aus, dennoch ist eine Frau heutzutage auch durchaus imstande, ihr Essen selbst zu bezahlen, und wenn wir das aktuelle Thema zugrunde legen, so ist es ihr auch ein Bedürfnis, ab und an mal nach der Rechnung zu greifen. Dennoch sind ihr, dem lieben Gott sei Dank, zwei gesunden Hände und Füße geschenkt worden, mit welchen sie imstande ist, den Weg von ihrer Haustür zum Auto eigenständig zurückzulegen, eine Autotür zu öffnen, die dank neuester Technik nicht mehr mit der Schwere einer Postkutschentür vergleichbar ist, und sich in und aus ihrem Mantel zu werfen. Auch wenn es wahrhaftig schwer zu glauben ist, so hat diese Frau es sogar zustande gebracht, sich morgens selbstständig zu duschen, anzuziehen und ihrem Job nachzugehen. Sie kann eigenständig denken, sprechen, gehen und stehen. Dem umwerbenden Gefühl, das sich breitmacht, wenn ein Gentleman sich kümmert und bemüht, möchte ich an dieser Stelle jedoch eine Daseinsberechtigung einräumen und deutlich machen, dass es auch absolut schön ist, wenn man umsorgt wird, sich fallen lassen kann und einmal jegliche Verantwortung abgeben kann.

Allerdings ist dies nicht der Samen dieser scheinbaren Symbiose, die in Wirklichkeit eine Gentleman-orientierte Geltungsbewegung ist. Der Gentleman braucht es! Zu umsorgen, zu »bemännern« (gibt es ein männliches Synonym für »bemuttern«?), und sich damit als der Zahnpasta-lächelnde Ken der Neuzeit zu präsentieren. Wie könnte so jemand dieses Handbuch schreiben, in dem Frauen ihren Stellenwert als profitables, Aufwertung- und Ego-bejahendes Wesen verlieren und als mundtotes, uninteressantes Wesen mit leistungsorientierter Daseinsberechtigung dargestellt werden? Niemals! Der Gentleman würde sich selbst ins eigene Fleisch schneiden, da er sich mit der Veröffentlichung des Handbuchs seiner Gegenspielerin berauben würde. Keine Frau dieser Welt, die nur ein wenig Achtung vor sich selbst hat, würde mit einem Mann ausgehen, der offenkundig gestört und im Besitz zweier Gesichter ist – dem des Gentlemans und dem des Frauenverächters!

Somit kann der Verfasser in Szenario 1 nur ein Mann sein, dessen schlechte Erfahrungen aus seinem gebrochenen und nie wieder instand gesetzten Herz sprechen und ihn zu diesem Buch verleitet haben – aus Rache, Hass oder anderen traurigen, negativen Emotionen – oder ein Mann mit Angst und mangelndem Selbstwertgefühl.

Da Angst in den meisten Fällen irreal ist und unserem Unterbewusstsein entspringt, wird diese von eigenen negativen Glaubenssätzen gefüttert. Über die Angst, als Sexualpartner unzulänglich zu sein, im Job nicht mit den coolen, smarten Typen aus der Geschäftsleitung mithalten zu können oder im Leben bisher zu wenig erreicht zu haben, ernährt sich das gestresste Unterbewusstsein und produziert Bilder. Keine Comics, die bunt und lustig ausgemalt sind. Nein, Comics, in denen die eigene Frau mit dem heißen Typ aus der Geschäftsleitung schläft, weil dieser, so glaubt man, mehr in der Hose, auf dem Konto, im Lebenslauf und allemal mehr auf dem Kerbholz hat. Zudem wird man(n) gefeuert, weil eine jüngere Frau den Posten nun besetzen soll. Entspringt der Text (Das Handbuch für die gute Ehefrau) also den Händen und Gedanken eines Mannes, der dem gesellschaftlichen Leistungsdruck der 1955er-Jahre zum Opfer fiel? Kann es sein, dass der Verfasser gebeutelt von schlechten Erfahrungen mit seiner Mutter, der Schwester oder der ersten großen Liebe begonnen hat, in einer Form der Eigentherapie das Erlebte umzuschreiben und seine Verletzbarkeit in eine imaginäre Macht über das weibliche Geschlecht umgewandelt und in ein Handbuch gepackt hat? Gespickt mit Selbstzweifeln und dem steigenden Leistungsdruck, der auf dem Mann als Geldverdiener, dem starken Geschlecht, lastet, entstand vielleicht so das besagte Handbuch.

✳ Szenario 2 – Die Verfasserin ist eine Frau

Nun mal ehrlich: Welche Frau würde ihren eigenen Stellenwert so niedermachen und sich als Bedienstete ihres Partners darstellen?

In meinem Umfeld kenne ich in der heutigen Zeit keine Gleichgesinnte, die solch ein Selbstbildnis hat. Würde ich allerdings jemanden kennen, so wäre dies eine Frau mit einem diktatorischen Vater, einer untergeordneten und mundtoten Mutter und ohne jeglichen Sozialkontakt, der sie eines Besseren belehren könnte. Denn das Vorgelebte übernimmt sie, erkennt es als die einzig korrekte Wahrheit an und setzt dieses 1: 1 in ihrem Leben um. Nebst der Erfahrung »Das muss so sein« verfügt die junge Frau über eines: ein mangelndes Selbstbewusstsein und wenig Selbstwertgefühl. Sie ist schwach, hat keinen Biss und gibt sich so jemandem hin, der diese Stärke, diesen Biss ihres Erachtens aufweist. Wie ein Schäfchen ordnet sie sich dem Schäfer und seinem Hund unter, ohne die Gefahr zu erkennen, eines Tages als Lammkotelett auf dem Grill zu landen. Gehen wir davon aus, dass das Handbuch dem Irrwitz einer selbstbewussten Frau entspringt, um Missstände in der Gleichberechtigung zwischen Mann und Frau in Form aufzudecken, macht das Ganze schon mehr Sinn. Für mich jedenfalls. Extreme Thesen schlagen hohe Wellen. Menschen, die einfach nur im Fluss der Mittelmäßigkeit herumschwimmen, werden niemals gehört, gesehen oder geachtet werden. Sie gehen nämlich einfach in der Masse unter.

Macht es also Sinn, dass das Handbuch der Feder einer Frau entsprungen ist, die der langsam fortschreitenden Emanzipation mit extremen Methoden auf die Sprünge helfen wollte? Provokation = Sichtbarkeit. Schlaues Mädchen! Provokante Thesen werden gesehen, gehört und abgedruckt. Man fällt auf. Man eckt gegebenenfalls an. Aber man fällt nicht hinten über. Da der Mensch scheinbar von Natur aus sensationsgeil ist, wird sich über alles unterhalten, was nicht »normal« ist. Oder hat schon einmal jemand in der Zeitung gelesen, dass Frau Müller aus Müllershausen durchschnittlich gut kochen kann und deshalb ein mittelmäßiges Restaurant aufgemacht hat, wo das Essen manchmal gut und manchmal ungenießbar ist, die Gäste Durchschnittsbürger mit durchschnittlichem Einkommen und Standard-Autos sind? Nö. Interessiert nämlich auch niemanden. Interessant wird es erst, wenn man sich aufregen, den missgünstigen Neid aus einem sprechen lassen, mit dem Finger auf jemanden zeigen kann oder sich ein Skandal abzeichnet.

Die Emanzipation der Frau ist noch längst nicht so weit vorangeschritten und in Mode, wie wir es uns meist einbilden. Während 1918 der erste Meilenstein mit dem Frauenwahlrecht gelegt wurde, erhielten Gleichstellungsmerkmale der textilen Form, so zum Beispiel die Hose für die Dame, sage und schreibe erst Mitte des 20. Jahrhunderts herum ihre Daseinsfreude am Frauenbein! Während es also vor rund 100 Jahren absolut undenkbar war, dass die Damen sich in dieselben Kleidungsstücke werfen wie die Männer, so ist es heute ebenso wenig aus unserer Gesellschaft wegzudenken. Wobei es einige meiner Meinung nach wirklich übertreiben, wenn ich mir sonntagnachmittags die Pärchen ansehe, die sich in Form, Farbe und Schnitt absolut im identischen Partner-Outfit schlendernd vorwärtsbewegen. Unseren Kleidungsstil betreffend ist die Emanzipation also angekommen. In der gesellschaftlichen Rollenverteilung jedoch nur bedingt.

Vielleicht liegt der Ursprung des Ganzen auch in unserer Geschichte. Während die Rolle des Mannes in der Steinzeit als Jäger und Beschützer des Stammes klar definiert war, sammelten die Frauen Beeren, erzogen die Kinder und umsorgten den Stamm. Er überzeugte mit Muskelkraft und machte Feuer, sie mit Organisation und Liebe. Muskel versus Herz. Testosteron versus Östrogen.

Meine Idee für dich

Mache deinem Partner / deiner Partnerin für die nächsten sieben Tage täglich ein Kompliment und notiere dir, wie du dich dabei fühlst, welche Reaktionen du bei deinem Partner sehen kannst und wie es sich auf eure Beziehung auswirkt.

Aufgeschoben ist aufgehoben, oder:
Es gibt keine zweite Chance für verlorene Träume

Da hängt sie nun! Ausgetrocknet, der blumige Duft ist bereits verflogen und die Staubschicht auf der Oberfläche lässt erahnen, dass sie dort schon länger hängt.

Solange sie noch ansehnlich war, hätte man sie abnehmen können, hätte sie wegräumen und gut verstauen können. Jetzt ist sie starr. Ganz steif hängt sie herum, beginnt sich an einigen Ecken schon mit einem hellen Grauton zu schmücken. Das Gefühl: ekelhaft. Gut anfühlen tut sie sich also auch nicht mehr und ist zum Kuscheln nun ganz und gar ungeeignet. Ganz kratzig wäre sie an der Haut. Bäh! Also hilft alles nichts, vom weiteren Anstarren ändert sich an dem starren, ausgetrockneten, verstaubten Knittergespenst auch nichts. Die Bettwäsche muss noch einmal in die Waschmaschine! Verdammt! Hätten wir sie doch längst abgenommen, dann hätten wir uns eine Menge Arbeit erspart. Wer kennt diese Situationen nicht?

Ob die sich türmende Wäsche, die kalkgeplagte und Stalaktiten-bildende Dusche, die angebrannte Pfanne in der Spüle, der obligatorisch einmal pro Monat ausstehende Anruf bei der

Schwipptante aus der Pfalz oder dem eigens gegebenen Neujahrsversprechen »Mehr Sport zu machen!« – sie alle werden getreu dem Motto »Morgen ist auch noch ein Tag« in immer weiter und nicht mehr greifbare Ferne gerückt.

Und dann hat man den Salat! Statt schnell das noch frisch eingebrannte Fett aus der Pfanne zu spülen, bedarf es am nächsten Tag, Abend oder Weihnachtsfest doch reichlich mehr Aufwand, Zeit und Geschrubbe, um das Ding wieder auf Werkszustand zurückzusetzen. So ist es auch mit der Wäsche. Während eine Ladung Wäsche schnell auf und – im getrockneten Zustand – wieder von der Leine genommen, zusammengelegt und in den Schrank geräumt ist, verhält es sich mit vier Ladungen schon anders und besonders dann, wenn diese bereits wie versteinert und vom Staub überzogen einen erneuten Waschgang nötig haben. So summiert sich, multipliziert und quadriert sich unsere »Auf-morgen-Aufschieberei« ums Vielfache. Mehr Arbeit durch weniger Lust und Mangel an Motivation.

Nun wollen wir die sich ab und an türmende Hausarbeit nicht überbewerten, sie stattdessen aber als sich immer wiederkehrendes Mahnmal betrachten und wertschätzen. Denn: Unsere Aufschieberei im Haushalt ist nur das kleinste Übel, das, welches wir wahrnehmen und dennoch ignorieren.

Während Trendworte wie »Chillaxen« oder »Entschleunigen« im Duden aufgenommen werden, warte ich noch darauf, dass der Begriff »Aufschieberitis« seine Anerkennung in der deutschen Ärztekammer findet und bald als allgemeine Volkskrankheit anerkannt wird. Und nein, ich mache keine Witze. Obwohl ich ein wirklich ulkiges Persönchen bin und gerne lache, so liegt es mir fern, bei diesem Thema zu scherzen. Indem wir beginnen, unsere alltäglichen Verpflichtungen und Aufgaben zu verschieben, üben wir uns täglich darin, Begründungen und Ausreden zu finden, weshalb die zu entrichtende Arbeit warten kann. Und so verschieben wir nicht nur den Haushalt auf morgen!

Oder hast du dir bereits deine Träume verwirklicht, die du als Kind, als Teenager, als junger Erwachsener, als Mutter oder als Vater hattest? Nein? Dann heiße ich dich herzlich willkommen im Land der vertanen Chancen und verlorenen Träume und möchte dir ganz höflich und mit viel Respekt sagen: »Schäm dich! Schäm dich dafür, dich selbst so enttäuscht zu haben!«

Wie kann es sein, dass wir uns selbst so enttäuschen und mit den Konsequenzen scheinbar gut und gerne leben, sie in Kauf nehmen? Warum schieben wir Dinge vor uns her, und was macht das mit uns?

Zuerst sollten wir begreifen, dass sich der Druck, sich um andere zu kümmern (und das sogar noch bevor man auch nur ansatzweise an die eigenen Bedürfnisse gedacht hat) in unserer Gesellschaft immer mehr aufbaut, sich immer mehr etabliert hat. Beispiele hierfür gibt es wie Sand am Meer, oder wer kann nicht von sich behaupten, schon einmal mit dem Kopf unter dem Arm bei der Arbeit aufgetaucht zu sein, damit die Kollegen nicht unterbesetzt sind, oder hat das letzte, grandios famos leckere Sahnetörtchen auf Tante Karlas Geburtstag dann doch Onkel Hubert überlassen, obwohl man selbst bisher nur eines hatte und Onkel Hubert schon zwei! Da besagter Onkel aber auch schon recht betagt ist und dies gegebenenfalls sein letztes famos leckeres Sahnetörtchen sein könnte, überlassen wir es ihm. Natürlich!

* **Halten wir also auf dem Weg zur Erkenntnis und Erklä-rung der Aufschieberei folgende Erkenntnis als Punkt 1 fest: Wir nehmen andere wichtiger als uns selbst!**

Da wir, geleitet von vorgelebter gesellschaftlicher Norm, die Bedürfnisse der anderen und deren Erfüllung vor unsere eigenen stellen, bleibt am Ende des Tages wenig Zeit, und vor allem meist wenig Energie, um sich dem wirklich Wichtigen zu widmen: sich selbst.

Denn, und da machen wir uns auch nichts vor, es kostet enorm viel Energie sich zu kümmern, Ansprüche zu erfüllen und am besten auch vollkommen perfekt zu funktionieren. Ja, wer ist denn da nach einem 17-Stunden-Tag nicht vollkommen ausgelaugt und recht energiearm unterwegs?

* **Halten wir also Punkt 2 fest: Wir haben keine Zeit mehr für uns und brauchen unsere Energiereserven für andere auf.**

Wer nach einem guten Start in das neue Jahr parallel zum neuen Datum auch seine guten Vorsätze begrüßt und sich vorgenommen hat, mehr Sport zu machen, kennt folgendes Problem: Beflügelt von unserem guten Vorsatz, starten wir höchst motiviert. Sporteln, was das Zeug hält, halten jeden Muskelkater weitaus besser aus als seinen alkoholisierten Kumpel und turnen jeden Morgen Flic-Flac schlagend durchs Haus. Wow, wir stecken motiviert bis unter die Hutschnur im Sportwahn. Modus an! Wir sind nicht zu halten. So oder so ähnlich läuft es die ersten drei Wochen. Dann kommt der Moment, an dem unsere Jogginghose streikt und uns allein vor die Tür schickt: Es regnet in Strömen.

Selbst Nachbars ungeliebte Katze würde man bei diesem Wetter nicht vor die Tür setzen und schon gar nicht den eigenen Astralkörper. Also fällt das Training heute aus. Ist zu nass. Zu ungemütlich.

Am nächsten Tag ist dann die Verabredung mit der Freundin zum Abendessen verlockender als die Turnschuhe um die Ecke und somit fällt auch an diesem Abend das Training aus. Und am nächsten. Und übernächsten.

* **Somit sind wir bei Punkt 3 angelangt, der sich eigentlich aus zwei Komponenten zusammensetzt: Motivation und Komfortzone!**

Um uns weiterzuentwickeln, müssen wir aus unserer Komfortzone austreten, was uns anfangs auch gut gelingen mag, und dann motiviert am Ball bleiben. Die Wege können, wie in jedem Bereich des Lebens, auch unbequem sein. Es erfordert Selbstdisziplin, wiederkehrende Übung und Routine, um langfristige Änderungen zu erzielen. Hier verhält es sich wirklich ähnlich wie bei unserem Sportbeispiel. Der muskulöse Astralkörper wächst auch nicht über Nacht und bleibt dann so bestehen.

Wir alle, ob jung, ob alt, tragen sie immer in uns – die Kinder, die wir früher einmal waren. Ob es nun eher das fröhliche Kerlchen oder das kleine Teufelchen war, eines haben sie alle gemeinsam: die Enttäuschung über uns Erwachsene. Jedem von ihnen haben wir einst Versprechen gegeben. Jedes hatte einmal an den Erwachsenen, der es einst sein würde, große Erwartungen. Ob nun das eigene Pony, der Traumberuf Feuerwehrmann oder der coole Porsche. Wir haben uns im Kindesalter irgendwann ein Versprechen gegeben, uns Ziele gesetzt, die wir als Erwachsene erreicht haben wollten. Mit dem naiven Glauben, dass die Großen immer alles schaffen können, was sie sich vornehmen, sind wir durchs Leben gelaufen. Was würde dein siebenjähriges Ich heute zu dir sagen? Würde es dir glücklich lächelnd danken und dir um den Hals fallen, oder wäre es enttäuscht?

Wir sollten neben aller Komik die Dramatik des Geschehens tatsächlich nicht außer Acht lassen. Enttäuschungen, die Mitmenschen in uns hervorrufen, wiegen viel, die Enttäuschung über uns selbst jedoch weitaus mehr. Wir verlieren den Glauben an uns selbst, beginnen, uns zu misstrauen. Schnell werden gesetzte Ziele als Eventualität betrachtet, schnell bilden sich Glaubenssätze wie »Das schaffe ich eh nie!«.

Beginnen wir also klein und fangen an, unsere Wäsche HEUTE aufzuhängen, unser Bett JETZT zu machen und schnappen uns den Spaten, mit dem wir unsere Träume einst begraben haben und graben selbige wieder aus. Wenn wir kein Vertrauen in uns haben, wenn wir nicht an uns und unsere Träume glauben, wer denn dann? Wir müssen bei uns beginnen. Bei unserem Kind in uns. Wenn wir lernen, der siebenjährigen Version von uns wieder mehr Beachtung und Gehör zu schenken, dann wird auch unser erwachsenes Ich glücklich sein, denn tief sitzende Enttäuschungen unseres Selbst gehören dann der Vergangenheit an.

Verloren geglaubte Träume haben Durchhaltevermögen. Verloren gegangene Träume kehren nicht mehr zurück. Lassen wir es bloß nicht so weit kommen!

Meine Idee für dich

Überlege einmal und versetze dich zurück in
deine Kindheit:

Welche Träume hattest du?
Hast du sie dir erfüllt?
Was brauchst du, um sie dir zu erfüllen?

Beginne damit, deine kleinsten Träume wahr
werden zu lassen und spüre die Leichtigkeit
deines Herzens, welche sich dadurch einstellt.
Davon träumte ich als Kind:

_____

_____

_____

_____

_____

_____

_____

Zeig dich, Zeit

Das Witzige an der Zeit ist ja, dass wir grundsätzlich der Meinung sind, sie beeinflussen zu können, ihr gegenüber jedoch am machtlosesten sind.

Wir werden mit einem Zeitkonto geboren, welches wir niemals zu Gesicht bekommen und welches uns bis zum Zeitpunkt unseres Ablebens verborgen bleibt. Wir investieren viel Geld, um unsere Zeit aufzuwerten. Und investieren unsere Zeit, um Geld zu bekommen. Was für ein paradoxer Kreislauf!

Das Gefühl für unsere Zeit verläuft auch nicht immer gleich. So vergeht sie wie im Flug, wenn wir uns mit schönen Dingen beschäftigen und tröpfelt langsam dahin, wenn wir uns Aufgaben widmen, die uns widerstreben.

Dabei wäre es genau andersrum am schönsten, dass wir am meisten Zeit haben und sie am intensivsten empfinden, wenn wir die schönsten Seiten des Lebens genießen. »Das war die beste Zeit meines Lebens!«, hat wohl – und hoffentlich – schon jeder einmal gesagt. So irre ist es, dass wir diese Aussage mit dem Bewusstsein treffen, genau in dieser besten Zeit gefühlt am wenigsten davon zur Verfügung zu haben. Sind wir also grundsätzlich damit glücklich, dass Schönheit und Glückseligkeit schnell verfliegen? Eigentlich doch nicht, oder? Dieses Denken ähnelt der Annahme, dass Glück zu haben reine Glückssache ist (Kapitel 2: »Die kleegliche Suche nach dem Glück«) und ebenfalls rar gestreut zu sein scheint. Woher kommt dann dieses Denken? Und ist es nicht ratsam, dass wir uns umpolen?

Ich bin der festen Meinung, dass es möglich ist, ein Gefühl für die Zeit zu entwickeln, das für uns spielt, sich multipliziert und so vermehrt, dass wir ein Gefühl von unendlicher Glückseligkeit spüren können.

Dafür sollten wir erst einmal uns kennenlernen, wissen, was uns glücklich macht und uns dann genau damit beschäftigen. Und zwar oft! Viel! Intensiv! Wiederkehrend! So, dass es uns in Fleisch und Blut übergeht. Wichtig ist, dass dies jedoch ohne Druck geschieht, sondern mit Leichtigkeit und dem Verständnis dafür, dass wir Menschen bunt in unseren Empfindungen sind und somit auch dunkle Tage, an denen unser Vorhaben mal nicht reibungslos umsetzbar ist, absolut okay sind.

Wir verzichten, wenn wir wiederkehrende Empfindungen intensivieren, nicht mehr auf das gute Gefühl und richten stattdessen unseren Zeit- und Tagesablauf darauf aus, es stetig zu spüren. Ähnlich wie ein Hund, der von der Existenz des Leckerlis in der Hosentasche seines Herrchens weiß und alles dafür tut, um an die Belohnungen zu gelangen. Nun machen wir nicht »Männchen, Sitz oder bringen das Stöckchen«. Dennoch polen wir uns um. Wir richten unseren Fokus auf die nächste Fahrt in der Glücksachterbahn. Sätze wie »dafür war keine Zeit mehr« oder »die Zeit ist mir davongerannt« kennt sicher jeder. Entweder entsprungen aus dem eigenen Mund oder dem eines Bekannten oder Verwandten. Wie mag es aussehen, das Bild einer zur Person gewordenen Zeit, die die Beine in die Hand nimmt und davonrennt, schnell wie der Wind, und ab dann nicht mehr gesehen wurde? Und wo würde sie sich verstecken?

Stellt man sich dieses Bild wahrhaftig vor, muss man

schmunzeln und wird sich bewusst, wie irrwitzig doch die Aussage ist, dass die Zeit selbstständig, zum Lebewesen mutiert, in der Lage ist, Entscheidungen zulasten unserer Person zu treffen und dabei wohl noch frecherweise die Zunge rauszustrecken und hämisch zu grinsen.

Ich stelle mir sage und schreibe Menschen vor, die, mit einem großen Jutesack bewaffnet, ihrer Zeit hinterherrennen, in der Hoffnung, sie einzufangen und dann sicher und trocken entweder unter dem Bett aufzubewahren, wo sie dann über kurz oder lang eine Stauballergie entwickelt, eingeht oder im Kleiderschrank neben den Blazern mitsamt dicken Schulterpolstern verrottet.

Lasso schwingende Time Boys, die statt dem Rindvieh die Zeit einfangen, »Yee-haw«-johlend ihre Beute in den Pferch sperren und sich wenige Tage später, das Biest zureitend, buckelnd hin- und herbewegen und anschließend im Dreck landen.

Denn: was auch immer wir versuchen werden, um die Zeit zu beherrschen, wir werden kläglich scheitern. Macht ja auch Sinn. Wer würde sich schon gerne jagen, beeinflussen, beherrschen, fangen, besitzen und ausnutzen lassen? Jep, niemand!

Doch bedenken wir, dass wir die Gesellschaft von Menschen bevorzugen, die gut zu uns sind, uns schätzen und uns nicht als selbstverständlich betrachten, und diesen Umstand auf unser Verhältnis zur Zeit übertragen, so reift die Erkenntnis, dass wir die Zeit wie einen guten Freund behandeln sollten.

Dankbar für jedes Detail ihrer selbst sein, sie wertschätzen und liebhaben. Gut und sorgsam mit ihr umgehen und sie nicht als selbstverständlich erachten, Spaß mit ihr haben und Dinge unternehmen, die uns Freude machen. Dann, ja dann wird sie sicher gerne lange bei uns bleiben – unsere Zeit!

Und wenn sie dann bei uns ist, bei uns bleibt, sich wohlfühlt, dann sollten wir verstehen, dass wir ein Geschenk erhalten haben, mit welchem ein umsichtiger und gewählter Umgang absolut Not tut!

Die Wahl über die Gestaltung unseres Lebens obliegt einzig und allein uns! Was wir wann machen, wie viel Zeit wir jemandem oder etwas schenken, ist nur unsere Entscheidung. So häufig sind wir der Meinung, dass wir keine Wahl haben, aber das stimmt nicht! Wir haben immer die Wahl!

Wer vermeintlich im Hamsterrad seiner Arbeit, die er nicht gerne ausübt, feststeckt, der kann ausbrechen. Den Alltag schwänzen und einmal wieder mit sich selbst abhängen. Ich behaupte steif und fest, dass die meisten von einer Alltagsschwänzerei so weit entfernt sind, wie der Nordpol von Feuerland.

Das finde ich unfassbar schade, denn wo findet man einen noch kompetenteren Ansprechpartner und Abhänggesellen als sich selbst?!

Ich möchte jetzt keinen Aufruf starten, dass alle ihre Arbeit hinwerfen sollen, nein. Aber, wenn das, was wir tagtäglich tun, uns nicht glücklich macht, wir uns gezwungen fühlen und immer miesepetriger werden, dann sollte man sich bewusst machen, dass einen niemand zu dem bescheuerten Job gezwungen hat. Und dann, ja dann, sollte man vielleicht einfach mal schwänzen, um wieder auf Kurs und auf den Weg zu sich selbst zu kommen. Und das ist nicht nur auf den Job, sondern auf alle Bereiche des Lebens anwendbar.

Aussagen wie »ich habe keine Zeit mehr für mich selbst« kann ich wenig nachvollziehen und möchte am liebsten mit der Frage kontern: »Wer hat deine Zeit denn als Geisel genommen?« Denn so paradox es auch klingen mag, sind und bleiben wir einzig und allein »der Herr / die Herrin« über unsere Zeit. Wobei wir festhalten wollen, dass aufgrund der Empfindsamkeit der Zeit, sie natürlich keine Gefangene, sondern eine freiwillig bleibende Freundin ist.

Natürlich ist »Zeit allein« für eine berufstätige, alleinerziehende Mutter durchaus eine Planungsherausforderung und bedarf der Unterstützung durch Verwandte und Freunde, ist dennoch möglich. Je nachdem, von welcher Grundlage wir ausgehen, desto schwerer gestaltet sich vielleicht die »Quality Me Time«, unmöglich ist sie jedoch keinesfalls!

Wir sind unsere Zeit. Wir setzten Termine und geben unseren Rahmen vor, in welcher Geschwindigkeit und mit welchem Volumen etwas passiert oder wir uns dem zuwenden. Kurz, lange, gar nicht und so weiter. Die Zeit im Gesamten: Wir messen sie, lesen sie ab, bannen sie auf große Uhren, doch niemals werden wir in der Lage sein, sie wahrhaftig zu verstehen, sie zu begreifen oder zu beherrschen. Jeder Versuch, dies zu tun, mag uns auf den ersten Blick gelingen, doch nur vermeintlich. Die Zeit macht ihre eigenen Regeln und täuscht uns in dem Glauben, wir hätten einen Einfluss. Sie geschieht, während wir Pläne machen, ebenso wie das Leben. Beide gehen Hand in Hand. Ungerechte Verteilung werfen wir ihnen vor: dem Leben und der Zeit. Doch bedenken wir nicht, dass die Grundvoraussetzungen jeden Tag aufs Neue im Regelfall gleich sind: Wir erwachen täglich mit einem »Zeitkonto« von 1.440 Minuten. Die Wahl unserer Tätigkeiten während der 1.440 Minuten treffen allein wir! Die Möglichkeit, unsere Tätigkeit binnen der 1.440 Minuten zu ändern, haben allein wir! Die Entscheidung, nichts zu tun oder diese 1.440 Minuten ungenutzt verstreichen zu lassen, haben nur wir!

Erschaffen wir uns also wieder ein Bewusstsein dafür, dass wir eine kostbare Freundin an unserer Seite haben, durch deren Anwesenheit wir alles aus unserem Leben herausholen und

Freude spüren können. Eine Freundschaft, die es mit Aufmerksam- und Achtsamkeit zu pflegen gilt und deren Entscheidung, sich von uns abzuwenden, unser täglicher Begleiter ist. Sie ist bei uns. Wie wir mit ihr umgehen, entscheidet über den Ausgang einer langen oder kurzen Freundschaft und deren Intensität. Welche Entscheidung triffst du?

Meine Idee für dich

Verbanne für einen Tag alle Uhren aus deinem Leben und meide bewusst den Blick auf Uhren in der Öffentlichkeit.

Wie geht es dir?
Wie empfindest du diesen Tag?

So war mein zeitloser Tag:

_____

_____

_____

_____

_____

_____

Glitter on top

Wer Kinderaugen funkeln sieht, weiß, dass es noch Wunder gibt!

Ach, wie wunderbar ist doch Glitzer!

Man kann ihn überall hinstreuen, um normalen Dingen einen hübschen Schein zu schenken und ihnen so vorzugaukeln, sie seien etwas Besonderes. Er bleibt, ähnlich wie alte Angewohnheiten, unnützerweise an einem hängen und genau wie die Ex des Freundes läuft er einem immer wieder unvorhergesehen über den Weg. Lästig!

Grundsätzlich war ich nie eine Freundin der Glitzer-, Glimmer-, Funkel-Welt, vor allem oder in erster Linie, weil man das Zeug selbst nach einem dreistündigen Wohnungsputz und einer ausgiebigen Dusche nicht wegbekommt. Ähnlich wie fossile Knochen findet man den Kram nämlich noch hundert Jahre nach der Überraschungsfeier zu Tante Annelieses fünfter Scheidung unter dem Sofa wieder.

Der Zustand meiner Glitzerantipathie hat sich jedoch in dem Moment verändert, als meine kleine entzückende Tochter begann, sich für Feen, Einhörner, Zauberstäbe und Prinzessinnenkleider zu interessieren. Also fast genau drei Jahre nach ihrer Geburt. Seither tauschen die sonst dort vorzufindenden Pferdehaare meines Schimmelchens ihren Platz in meinem Auto mit tonnenweise Glitzer. Herabgefallen vom Kleid, den Feenflügeln oder dem Zauberstab. Macht mir gar nichts! Immerhin habe ich ja gelernt, dass damit alles schöner aussieht und somit spare ich sicher auch die ein oder andere Autowäsche ein. Dass Glitzer durchaus mehr magische Eigenschaften besitzt, als ich angenommen habe, wurde mir vor einiger Zeit bewusst: Das Wochenende war bereits etwas holprig gestartet und nach mehreren gescheiterten Versuchen, sich mit dem PKW in die Hamburger Innenstadt zu begeben, was aufgrund einer Raddemo schlichtweg unmöglich war, endete unsere zweistündige ungewollte Sightseeing-Tour durch Hamburgs Straßen dann am Fischmarkt. Wohl wissend, dass wir hier außer Shrimps, Krustentieren und Fischen aller Art nichts von all dem finden würden, weshalb wir uns eigentlich auf den Weg in die Hansestadt gemacht hatten, schlenderten wir durchs Hafengelände. Die Sonne lachte vom Himmel und auch unsere Gemüter fanden so langsam ihr Strahlen wieder. Nach einigen Schritten gelüstete es unsere Kleine nach einem Eis, welches wir dann zu kaufen gewillt waren, und wir uns daher auf die Suche nach einem Eisstand begaben. Gewusst wo, und dank meiner mütterlichen Spürnase, fanden wir schnell eine kleine Pizzeria, die vor ihren Türen einen Eiswagen aufgestellt hatte. Während mein Mann uns Latte Macchiato im Café nebenan besorgte, kaufte ich meiner Kleinen ein Zitroneneis und plauderte mit dem netten Herrn vom Eisstand ein wenig über die Demo und, was für ein Klischee, das Wetter. Es war an diesem Tag aber auch wirklich extrem heiß!

Die erheiternde Wirkung des Zitroneneises ließ recht schnell nach, und obwohl es doch heißt »sauer macht lustig«, ignorierte unsere Tochter diese Redewendung gekonnt und fing zu meckern an, weil ihr Eis in der Sonne davonschmolz. Ich kam nicht zu einer Reaktion, denn just in diesem Moment fragte der Eismann sie, ob sie noch ein wenig Glitzer und Einhorn-

Streusel auf ihr Eis haben möchte. Das darauffolgende »Ja« war mehr ein glückliches und strahlendes Hauchen und schon landeten Glitzer und Einhörner auf der Eiskugel.

Die Reaktionen waren verblüffend! Meine Tochter strahlte über beide Ohren, so sehr freute sie sich (Win 1). Der Eismann wiederum strahlte über beide Ohren, weil meine Tochter sich so freute (Win 2). Und ich? Nun ja, ich war vor Rührung fast den Tränen nah, weil mir so viel Freude und glückliche Gesichter einfach ans Herz gingen (Win 3)!

Als mein Mann wenige Minuten später mit unseren Getränken in der Hand zu uns stieß, war er über die glücklichen, wie Honigkuchenpferde grinsenden Leutchen überrascht und kam nicht darum herum, ebenfalls ein breites Lächeln aufzusetzen, nachdem er die Entstehungsgeschichte unserer gehört hatte.

Diese, ich nenne sie mal »Win-Win-Win-Situation« erzeugte in mir eine Erkenntnis, die ich gerne teilen möchte: *Die schweren Zeiten des Lebens werden so viel leichter, wenn wir sie mit den großen Gefühlen der Liebe überhäufen und offen für den Zauber der Welt sind.*

Ich wünsche mir, dass wir uns bewusst machen, dass es in schweren Zeiten immer besser ist, sich an der Hand zu nehmen, sich in die Augen zu schauen und sich mit Liebe, Zuversicht und gegenseitiger Unterstützung über felsige Wege zu helfen. Je mehr »Win« in solchen Momenten zu finden ist, desto besser. Je mehr Aneinanderreihungen glücklicher Fügungen und Zugewinne sich verketten, umso größer die Wellen, die sie schlagen, und umso mehr gute Energie bringen wir damit in Umlauf.

Doch lassen wir die Magie, den Zauber solcher Momente nicht außen vor! Und es steckt wahrlich überall mehr Magie drin, als wir zu glauben wagen.

Vor einiger Zeit habe ich das Buch »Folge deinem Herzen und du wirst bei dir selbst ankommen« von John Strelecky gelesen: Inspirierende Aha-Erlebnisse aus seinem Leben, die erheiternd und aufmunternd sind, wie es hoffentlich auch meine Worte für jeden Leser sein werden.

In seinem Buch stellt Strelecky eine Frage, die mich ganz besonders beschäftigte: *Wenn ich den magischen Wunsch freihätte, in einem Film mitzuspielen, dieser Realität werden würde und ich mich für eine der Rollen/Charaktere entscheiden dürfte – auf wen würde meine Wahl fallen?*

Meine Antwort kam nach einer kurzen Überlegung und den Blick auf das vor mir hängende Ölgemälde, die darin zum Leben erwachten Karussellpferde, tanzenden Pinguine und über die Dächer hüpfenden Schornsteinfeger, sehr schnell: Mary Poppins! Doch bei der weiterführenden Frage »Was kann ich heute tun, um das Leben in das Leben aus dem Film zu verwandeln«, war ich erst einmal ratlos. Was fasziniert mich so an Mary Poppins, dass ich sofort ihr Leben führen würde beziehungsweise ihres in meines integrieren möchte?

Es ist die Magie der Fantasie und der unbeirrbare Glaube an sie und die Liebe!

Alles ist möglich, wenn es dir Spaß macht, dich zum Leuchten bringt und du aus vollem Halse vor Freude lachen kannst. Wenn dein Herz tanzt und du dich wieder daran erinnerst, welche Träume du einmal leben wolltest.

Mary Poppins sprengt jeden Rahmen der doch so öde wirkenden Realität. Straßenkunst ist nicht einfach nur Bilder nein, sie ist das Tor zu einer Welt, in der man mit Pinguinen tanzen und auf Karussellpferden ein Rennen reiten kann. Der steife, vergrämte alte Kauz, der habgierige und griesgrämig schauende Kinderschreck, der auf jedem Zaster sitzt wie die dicke Henne auf ihren Eiern, klebt vor Lachen unter der Decke und erinnert sich an all das Gute, Sanfte, das in ihm steckt. Der Familienvater, der dachte, sich vollends in die Arbeit zu stürzen, nie zu Hause zu sein, seine Kinder zu kleinen spurtenden Ja-Sagern zu erziehen und die vorgegebene Etikette der Gesellschaft zu wahren – sei stattlich, würdevoll und unvermeidbar – um ein Leben zu führen, das die Außenwelt als »gut« betiteln würde, schmeißt alles hin und besinnt sich auf das Kind in ihm. Singt, tanzt, hat Spaß und lässt mit seinen Kindern Drachen steigen. Ja, einen, von Papa reparierten und selbst gebauten Papierdrachen!

Mary Poppins tanzt auf Dächern, sprengt Grenzen, die man sich selbst gesetzt hat, lässt einen wieder an sich und das Gute im Leben glauben, holt die Freude zurück und erinnert, dass wir alle gut daran tun als Erwachsene ein wenig mehr Kind zu sein. Vollends gefüllt mit Träumen, Wünschen, Fantasien und einer Abenteuerlust, die das Leben doch erst so richtig aufregend und erfüllend werden lässt! Wenn ich an Mary Poppins denke, dann denke ich an »Supercalifragilisticexpialigetisch«, muss lächeln und bekomme sofort Lust zu tanzen, von Dach zu Dach zu springen und unfassbar albern zu sein.

Doch bei all meinen Gedanken an diese wunderbare Frau kommt mir die Ausgangsfrage wieder in den Kopf: »Was kann *ich* tun, um *mein* Leben in das Leben aus dem Film zu verwandeln?«

Jeden Morgen beim Aufstehen daran zu denken, welche Träume ich habe und an ihrer Verwirklichung arbeiten. Die Träume meiner Familie kennen und ihr unterstützend und inspirierend zur Seite stehen, wenn es um die Verwirklichung ihrer Träume geht. Niemals den Glauben an die Macht der Fantasie und Liebe verlieren und weiterhin als gutes Vorbild voran durch die Welt gehen – andere inspirieren, Mut machen und überzeugen, dass aus vollem Hals lachen und mit großen Augen träumen weitaus besser ist, als das Leben, mit dem sich so viele abgefunden haben. Unser Bewusstsein für das, was wir wollen, können wir auf verschiedene Arten schärfen. Wir versuchen es jetzt gemeinsam auf eine wundervoll einfache Art: Mit einer Reise in die Vergangenheit.

Erinnert ihr euch an die Momente in eurem Leben, die voller Geheimnisse steckten?

Um euch daran zu erinnern, machen wir eine kleine Zeitreise:

Es ist früh am Morgen. Weihnachtsmorgen. Die Ruhe im Haus ist greifbar und doch hört ihr, in euer Bett gekuschelt und euch so wohlig warm umsorgt fühlend, die vertrauten Geräusche des Hauses. Eurem Zuhause. Das Zuhause eurer Kindheit. Vertrauen schaffendes Gurgeln des Kühlschrankes, das Knacken des Laminats im Wohnzimmer und das Knarzen der Federn des eigenen Bettes.

Zuhause. Voller Vertrauen! Der Ort der Ruhe, der Vollkommenheit und zugleich ein Ort voller Magie und Geheimnisse. Durch das geöffnete Fenster riecht ihr den Schnee: kalt, es riecht nach einer Welt, die voller Zauber steckt, die die Fähigkeit besitzt, die Welt binnen einer Stunde zu verhüllen, sie in ein anderes Licht zu tauchen und sie liebevoll zum Schweigen zu bringen.

Ihr könnt das Knirschen des Schnees unter den Schuhen eures Nachbarn hören, der gerade zum Auto geht, und freut euch darauf, nachher einen Schneemann zu bauen oder einen Schneeengel zu machen.

Schnee hat die wundervolle Eigenschaft, mit einem

Zauber die Welt zum Schweigen zu bringen, sie sanft zuzudecken und friedlich zur Ruhe zu betten. Während ihr euch im Bett noch einmal tief ins Kissen kuschelt, wird euch bewusst, dass heute Heiligabend ist und binnen weniger Sekunden ist sie da: eure Glücksblase!

Die Vorfreude auf die Entdeckung eines Zeichens, dass vergangene Nacht die Engel in euer Zuhause gekommen sind und den Weihnachtsbaum geschmückt haben, überzeugen, aus dem warmen Bett hinaus ins kalte Zimmer zu steigen. Leise öffnet ihr die Zimmertür. Ein Blick auf den Boden. Und da! Ein Engelshaar! So goldig und makellos lockig, dass es nicht von dieser Welt sein kann. Und schon ist er da. Der Moment der Magie! Der Moment der Geheimnisse, der Freude über das, was nicht greifbar, aber dennoch da zu sein scheint.

Der Moment breitet sich aus, sorgt gemeinsam mit der Fülle der Glücksblase für so viel Wohlgefühl, Zauber und Freude, dass der Gedanke an diese Zeiten uns für immer im Gedächtnis bleiben wird!

Ich denke sehr gerne an die Momente meiner Kindheit zurück, Momente, in denen so viel Magie steckte und ich mich mit meiner bloßen Vorstellungskraft in andere Welten zaubern konnte.

Es war stets möglich, alles zu sein – wann, wo und sooft ich wollte.

Es gab Orte, die entstanden in meinem Kopf und nahmen in meinem Leben immer mehr Gestalt an. Weil ich daran glaubte! Weil ich der festen Überzeugung war, mein fester Glaube genüge, um meine Träume wahr werden zu lassen.»*Wenn du nur fest genug an etwas glaubst, wird es wahr werden!*« Der schönste Ort der Zuflucht vom täglichen Leben war mein Kopf, meine Fantasie. Zusammen mit guten Büchern entfloh ich in andere Welten und schaffte mir so meine eigene.

Und dann ... dann wurde ich groß.

Und so wie mir, erging es allen anderen Kindern, und heute sind wir erwachsen. So werden wir alle älter und vergessen immer mehr das Kind in uns. Immer seltener lassen wir unsere Fantasie Entscheidungen treffen, immer öfter übernimmt der Kopf die Kontrolle, immer seltener darf das Herz sprechen. Und dann, dann sind wir Erwachsene. Mit steinernem Blick. Hetzen den uns vermeintlich vorgegebenen lebenserfüllenden Rahmen hinterher, in der Hoffnung, anzukommen und dazuzugehören. Doch linear zu der sich minimierenden Entfernung zum vermeintlich passenden Rahmen vergrößert sich der Abstand zu unserem Herzen! Haben wir erst einmal dort Platz genommen, wo man uns sehen will, bleibt wenig Chance, dass wir unserer Stimme des Herzens folgen werden.

Somit bleibt meine Hoffnung, dass wir älter werden und uns erinnern, wie schön und einfach alles war, als wir noch an ALLES glaubten. Was wäre denn, wenn wir wieder an den Weihnachtsmann glauben würden und alles so ist, wie wir es wollen? Wäre das nicht wunderbar?

Meine Idee für dich

Erinnerungen können große Gefühle auslösen.
Bei welchen Erinnerungen spürst du pures Glück,
musst du lächeln und fühlst dich gut?

Erschaffe dir eine »Happy Wall« mit Fotos aus
diesen Momenten, kleinen Notizen und Dingen,
bei deren Betrachtung du dich gut fühlst.

Platziere deine Happy Wall so, dass du sie jeden
Tag mehrmals betrachtest.

Der Risikokompass

Da beginnt es zu kribbeln. Im Magen. Erst nur ein ganz kleines bisschen. Ein Gedanke reicht schon aus, und es flackert in der Magengrube. Sie kommt näher. In freudiger Erwartungshaltung, uns schon bald gegenüberzustehen, spüren wir sie, bevor wir sie sehen können. Das Flackern im Magen steigert sich langsam zu einem in sich drehenden Gebilde aus Watte, brennendem Kerosin und Steinen. Puh! Das Atmen wird immer schwerer. Die Luft, die wir atmen, reicht scheinbar nicht aus, um unsere Lungen zu füllen, denn die SOS-Rufe unseres Gehirns aufgrund befürchteter bevorstehender Ohnmacht mangels Sauerstoffs dröhnen durch unser Gejapse. Wenn doch bloß dieses Gefühl einer sich um unsere Kehle legenden Hand verschwinden würde. Doch sie packt immer fester zu!

Unser Magen hat sich, wie das Paarungsknäuel hunderter Schlangen, windend seinem Schicksal er- und wir uns übergeben. Dennoch, alles um uns herum fühlt sich an wie eine irreale Welt. Wie in Watte gepackt gehen wir, können kaum begreifen und spüren, was unter unseren Händen und Füßen ist, merken nicht, wie wir uns in Slow Motion bewegen und uns zugleich fühlen, als säßen wir auf dem Dach eines rasenden ICE-Zuges. Während unsere Hände sich anfühlen wie tropfnasse und über und über mit krabbelnden Ameisen übersäte Bärentatzen, erreicht sie ihr Ziel, atmet ihren widerlichen Mundgeruch verteilend in unseren Nacken, sodass uns die Haare zu Berge stehen.

»Buh!«

Zeitgleich in dem Moment, als uns die Angst anspringt, fallen wir entweder in Ohnmacht, Schockstarre oder jemand anderem hilfesuchend in die Arme. Machtlosigkeit überkommt uns, wir rufen nach »Mama« oder bleiben stumm und ohne jegliche Bewegung, wie der Hase im Feld sitzen und hoffen auf ein dem Schicksal und uns wohlgesonnenem Ende. Jeder kennt diese Situation – der eine mehr, der andere weniger – wenn die Angst uns packt und uns jegliche Freude am Leben nimmt.

Grundsätzlich gilt es erst einmal zu unterscheiden, ob jemand Angst, Phobien oder gar blanke Panik hat, denn die Unterschiede der Reaktionen und der empfohlenen Handlungs- und Herangehensweisen sind enorm!

In unserem Falle betrachten wir jedoch die reine Angst, die sich wie folgt, laut Duden, definieren lässt: Angst bezeichnet einen mit Erregung (angesichts einer Gefahr), Bedrückung oder Beklemmung einhergehenden Gefühlszustand.

Neben evolutionsgeschichtlichen Begründungen, in der die Angst unsere Sinne schärft und unsere Kraft mobilisiert, damit wir unserem Überlebensinstinkt folgen, uns schützen und im besten Falle flink die Beine in die Hand nehmen und wie ein Wiesel dem Säbelzahntiger entfliehen können, finden sich weitere Definitionen, welche für uns jedoch keine Rolle spielen sollen.

Da übersehene oder als zu gering eingestufte Gefahren durchaus kein gutes Ende nehmen könnten, hat Mutter Natur uns mit einem höchst sensiblen Angstsensor ausgestattet, der, wie jeder andere unfehlbare Mechanismus, einen Fehlalarm auslösen kann. Grandios! Da haben wir nun den Salat! Weil Säbelzahntiger und Co längst ausgestorben und wir von der Lehmhütte im Busch in feste Behausungen gezogen sind, haben sich die Gefahrenquellen von einst in Luft aufgelöst. Selbst-

74

redend birgt die heutige Zeit durchaus weitere und vielleicht sogar schlimmere Gefahren, da man diesen nicht durch einen schnellen Sprint entfliehen kann, dennoch ist unser Sensor noch nicht auf dem neuesten Stand der Evolution angekommen. Ich für meinen Teil bin mir noch nicht sicher, ob ich mich irgendwann voller Zuversicht oder Angst in ein autonomes Fahrzeug setzen werde, das scheinbar schnellere und bessere Entscheidungen treffen kann als mein eigenes Gehirn. Wer bin ich denn, wenn ich einem Ding mehr zutraue als mir selbst? Mir bereitet es auch Unbehagen, dass der Mensch mehr Zeit einem kleinen viereckigen Gerät widmet, ihm alle seine Geheimnisse, Bankdaten, Bilder, Videos und Zugangsdaten anvertraut und sich am Abend, am Tag oder der Nacht mehr mit dem Daddeln am Smartphone, den darauf gespeicherten Spielen oder sozialen Medien befasst, als wahren Kontakt zu einem atmenden, sich neben ihm befindenden Menschen aufzunehmen. Wohin führt der Weg der Digitalisierung, wo er doch nebst vielen Vorteilen sicher auch einige Nachteile birgt? Klar, wir vernetzen uns schneller, größer und besser, aber wahre Freundschaft bedarf, bei aller Hochachtung vor Facebook, Instagram und allen weiteren Tools, keiner digitalisierten Fortschritte, um in Kontakt und Freundschaft zu bleiben. Ganz im Gegenteil, so finde ich, braucht wahre und tiefe Freundschaft auch wahren und tiefen Kontakt. In echt. Real. Ohne Bildschirm, Autokorrektur und Spracheingabe. Liebe auch! Ehe. Partnerschaft. Jede Form von Beziehung. Sie leben alle von der Wahrhaftigkeit. Dem echten Kontakt, der Zwischenmenschlichkeit, der Nähe von- und zueinander. Es macht mir Angst, wenn ich sehe, wie Paare ihr Candle-Light-Dinner miteinander verbringen. Betrachtet durch die Kameralinse ihres Telefons sehen sie einander nicht an, dafür aber am Abend die doch so schön vorgegaukelten Selfies eines romantischen Abends, die man angeberisch und trügerisch bei Facebook und Instagram hochladen kann, um wider des eigenen Gefühls der Außenwelt vormachen kann, dass alles »so wunderbar« ist. Und während des Abends wird kaum ein Wort miteinander gewechselt. Stattdessen ausreichend und ausgiebig der Informationsfluss und die Bespaßungsfunktionen des quadratisch-praktisch-guten Freundes gecheckt.

Arme Welt! Wohin haben wir uns bloß entwickelt?

Neben der immer zunehmenden Entfremdung der Menschen von- und der zunehmend ekelhaften Art zueinander in Anbetracht unseres Verhaltens gegenüber der Natur, machen mir Verlust – vor allem durch Tod – und die Höhe Angst. Wobei beides sicher miteinander zusammenhängt, wenn man von mir auf einer Brücke verlangt, den Verlust des sicheren Bodens unter meinen Füßen aufzugeben, um mich waghalsig von der selbigen hinunterzustürzen.

Nein, in luftiger Höhe fühle ich mich nicht allzu wohl, wobei ich – und das ist der Witz an dem Ganzen – wirklich gerne fliege! Ich liebe Flugzeuge, sie anzusehen, in ihnen zu starten und zu landen und ihre Symbolik, welche für mich Freiheit und Grenzenlosigkeit bedeutet. Aus einem zu springen beraubt mich jedoch sofort der Möglichkeit zu atmen und sorgt für kribbelnde Hände und Füße, wenn ich nur die Vorstellung in meinem Kopf zulasse. Dabei wäre es so cool! Was muss das bloß für ein grandioses Gefühl sein, wenn man es den Vögeln gleichtun, seine Arme ausstrecken und fliegen könnte. Und wenn es auch nur begleitet durch einen Fallschirm sein würde. Hammer!

Oder sich kopfüber von einer Brücke in den Adrenalinkick stürzen, oder von der Reling eines Schiffes mit einem grandiosen Sprung ins türkisblaue Meer springen – ohne dabei Tagträume von einem, unter dem Schiff lauernden weißen Hai zu haben, der sich bereits sabbernd und vor lauter Vorfreude mit dem Besteck klappernd, das Lätzchen umbindet, um mich alsbald verspeisen zu können. Letzteres ist im Übrigen wahrhaftig geschehen, und ich bin mir sicher, dass sich die tunesische Freizeit- und Vergnügungsboot-Piraten noch heute die Geschichte der blonden Deutschen erzählen, die in völliger Schockstarre beim Badestopp an der Reling hing und gerettet werden musste. Jedoch nicht vor einem weißen Hai. Meine von Hollywood eingepflanzten und suggerierten Ängste spielten mir so einen extremen Streich, dass ich damals der festen Überzeugung war, vom Hai gefressen zu werden, sobald ich im Meer landen würde. Ich muss nicht erwähnen, dass mein Verstand die Tatsache außer Acht ließ, dass sich bereits 20 Badegäste lauthals und vor Freude kreischend von Bord gestürzt hatten und als Haifutter hätten dienen können. Würde der reißzähnige, schuppige Freund denn wahrhaft im Meer auf mich als Beute lauern? Aber mein Kopf war sich sicher: Ich würde der leckerste Happen seit Beginn der Raubtierfütterung sein, und dessen war sich auch mein imaginärer Hai bewusst. In der Realität befand sich lediglich nur noch mein Körper, nachdem ich ihn wagemutig in freudiger Vorbereitung auf den Sprung von Bord über die Reling gehängt hatte. Mein Verstand befand sich im Dauerlauf. Er rannte wie ein Irrer zwischen all den Szenarien meines, des mir sicher bevorstehenden Todes durch den großen weißen Hai, hin und her und malte diese unfassbar bunt aus. Mein Verstand war gepackt. Gepackt von suggerierter Angst. Und ich war machtlos.

Der Badestopp endete damit, dass ich mich meiner Angst stellte, über die Leiter von Bord kletterte, nachdem zwei nette Herren der Besatzung mich vom Rand der Reling gekratzt hatten, und wagemutig, mein Plantschen mit lautem Japsen unterstreichend, zur Rettungsinsel schwamm. Dass ich mit meiner Geschwindigkeit jeden Olympioniken in den Schatten stellte, erwähne ich nur beiläufig. Meinen eigenen Bahnenrekord stellte ich jedoch per sofort in den Schatten, nachdem mein damaliger Freund mit dem Wortwitz »Hi Hai!« die nächste Panikattacke auslöste. Haidewitzka, Herr Kapitän!

Dennoch, sobald ich wieder »sicheren« Boden unter den Füßen hatte, fühlte ich mich extrem lebendig und unbesiegbar! Was für ein Phänomen! Und doch nachvollziehbar. Adrenalin, Serotonin und Dopamin spielen hier eine herausragende Rolle und belohnen uns nach der immensen Stresssituation mit einem Hoch an Glücksgefühlen!

Tief sitzende Ängste zu überwinden und sich ihnen zu stellen, ist durchaus schwer, und je nach Härtegrad erweist sich die Hilfe eines Profis in der Bewältigung meist als sinnvoll. Phobien und tief sitzende Ängste lassen sich nicht so mir nichts dir nichts durch ein paar weise Worte ins Niemandsland schicken. Der Kern des Übels sitzt hier meist sehr tief in der Psyche verankert und das ist mir bewusst!

Die harmlose Variante jedoch, subjektive (eigens produzierte) und suggerierte (extern geschürte) Angst lässt sich meiner Erfahrung nach mittels eines guten Mindsets, sich wiederholender Übungen, Reflexion und einem guten Umfeld von selbst lösen. Ich habe jedoch im Laufe meiner Coaching-Ausbildungen und Seminaren bei Denys Scharnweber so einiges gelernt und kann mein Wissen darauf aufbauen. Beispiele für suggerierte und subjektive Ängste finden sich en masse. Nehmen wir einmal eine Führerscheinprüfung, denn hier paaren sich beide Variationen meist miteinander, und das macht es noch spannender.

Wir gehen grundsätzlich davon aus, dass jeder, der sich

zum Führerschein anmeldet, auch den Wunsch hegt, ein Auto fahren zu wollen. Die Beweggründe dafür können ganz unterschiedlich sein: Das Ansehen im Freundeskreis steigern, dem Drängeln der Eltern nachgeben, die grundsätzlich nur noch semiprofessionelle Lust haben, Elterntaxi zu spielen, Unabhängigkeit oder sogar die Notwendigkeit im Job. Nun sind die Fahrstunden absolviert, der Tag der Prüfung steht an und binnen weniger Augenblicke wandelt sich unser Fahrschüler von einem selbstbewussten jungen Mann in ein wimmerndes Eichhörnchen. Leichenblass steht er da, das Herz sieht man förmlich aus dem Hals springen und statt Wörtern findet nur ein Piepton den Weg aus selbigem. Fast schwankend wie eine Ulme kurz vor dem Fällen und gleichermaßen nach Sauerstoff und Fassung ringend wie ich nach meinem ersten After-Baby-Sportprogramm droht er jede Minute das Bewusstsein zu verlieren.

Was ist bloß los?!

Alle subjektiven und suggerierten Ängste prasseln auf einmal auf ihn ein und seine mentale Kraft hat den Reifegrad einer rohen Kartoffel. Somit erliegt er ihnen vollkommen.

Ob nun die Worte seines zukünftigen Chefs »Der Ausbildungsvertrag ist an das Vorhandensein eines Führerscheins gebunden!«, die »aufbauenden« Worte der Mutter »Ich habe meinen Führerschein auch nie geschafft. Macht nichts, wenn du es auch nicht packst!« oder die Reaktionen der Freunde darauf, dass das Partywochenende mit ihm als Fahrer nun schneller platzen könnte als eine Seifenblase in stürmischen Böen, sie alle jagen ihm eine Heidenangst ein.

Rationales Denken wird ebenso schnell ausgeschaltet wie das Licht einer Kerze im Sturzregen. Nichts geht mehr. Alle Körperfunktionen stellen sich weitestgehend ein, während lediglich alles auf Habachtstellung ist, was zur Flucht verhelfen kann. Ähnlich dem rasenden Herz eines Hasen im Angesicht des Jagdhundes, springt selbiges unserem Musterschüler Bass schlagend aus der Kehle.

Armer Kerl!

Ängste sind miese Spielverderber, sie sind die Petzen auf dem Schulhof des Lebens, die keiner zum Spielen einladen will, weil sie ein grandioses Timing darin besitzen, immer dann aufzutauchen, wenn sie am wenigsten erwünscht sind. Doch wir können uns ihnen stellen, sie ebenso klein machen, wie sie uns und ihnen den Spaß am Spiel nehmen. Wer schon einmal auf dem Schulhof drangsaliert worden ist, weiß zu gut, dass es eine Never-ending-Story ist, solange man sich wortlos zurückzieht. Nutzt man aber das Überraschungsmoment, dreht sich um und pfeffert dem Drangsalierenden die eine oder andere Reaktion entgegen, verkriecht dieser sich ähnlich dem Endgegner bei Super Mario in seinem Loch und ward nicht mehr gesehen. Spiel, Satz, Sieg! Den Siegerpokal in die Luft reckend, werden wir die nächsten Tage den Thron des Hochgefühls nicht mehr verlassen.

Was lernen wir also aus solchen und vergleichbaren Situationen des Lebens?

Auch wenn die Angst uns stinkend im Nacken sitzt, wir gepackt sind von imaginären Horrorszenarien, tun wir gut darin, unseren Ängsten entgegenzutreten. Einen Schritt weiterzugehen, als sie es von uns erwarten würden und sie somit zurück in das Loch schicken, aus dem sie gekrochen sind. Die Gefühle, die sich dann an die Oberfläche wagen, sind eine Mixtur aus heldenhaftem Übermut, kindlicher Grenzenlosigkeit und johlender Gewinnerkraft, die uns durch den Horizont aller Grenzen katapultieren. Was für ein Hochgefühl!

Also – packen wir unseren Mut ein, schnüren unsere Wagemut-Stiefel und orientieren uns an unserem Risikokompass. Wagen wir die Abenteuer, besiegen wir unsere Angst und lassen uns anschließend auf dem Fluss der reinen Glückseligkeit durchs Leben treiben. Der Sonne entgegen.

"

Die Angst spricht von Gefahren.
Die Erfahrung spricht von Risiken.
Der Verstand spricht von Zweifeln.
Das Herz von einer Chance!

Meine Idee für dich

Bist du nicht gern in luftiger Höhe?
-> Dann ab in den Klettergarten mit dir!

Hast du Angst, vor anderen Menschen zu reden?
-> Lies deinen Freunden etwas vor!

Hast du Angst vor Pferden?
->Lerne reiten!

Du hast Angst im tiefen Wasser?
-> Mach deinen Tauchschein!

Wage den Schritt und stelle dich deiner Angst.

Du kannst mit klitzekleinen Schritten anfangen.
Notiere, wie du dich dabei gefühlt hast.

Mein Risikokompass führt mich dort hin:

_____

_____

_____

_____

_____

_____

_____

_____

_____

_____

_____

Gesagt, gelogen!

Es beginnt winzig und endet meist ganz groß. Wo man hinschaut, manches Mal offensichtlich erkennbar und hin und wieder genauer zu beleuchten, erkennt man es doch immer.

Jeder bedient sich ihrer, jeder kennt sie. Jeder hat Angst vor ihr, jeder hat sich schon in sie geflüchtet. Jeder hat sie schon gebogen und jeder hat sie schon geleugnet: die Lüge!

»Hi, wie geht es dir?« »Gut, danke. Und selbst?« – ein einfacher und simpler Dialog zwischen Freunden, Bekannten, Verwandten oder Geschäftspartnern. Es ist egal, welche Form der Beziehung wir Menschen zueinander haben, dieser Dialog findet regelmäßig statt. Wie nett. Wie schön! Interesse am Wohlbefinden des Gegenübers wird geäußert. Oder auch nicht? Der Befragte antwortet … ehrlich … oder auch nicht!

Nun wollen wir nicht päpstlicher sein als der Papst und jede Silbe auseinandernehmen und beleuchten. Jedoch sind wir mal kurz ehrlich und stellen fest, dass in diesem doch so simplen und einfachen Dialog oftmals mehr Alltagslügerei steckt, als wir es wahrhaben wollen.

Wollen wir denn wirklich auf unsere Frage eine ehrliche Antwort? Zwischen Tür und Angel, beim Einkaufen im Supermarkt, treffen wir auf einen alten Bekannten. Man stelle sich nun mal vor, wir stellen ihm die Frage. Bevorzugt ist es Samstagnachmittag. Der Laden ist voll und wir sind nur kurz auf dem Sprung, weil für das Abendessen etwas fehlt. Die Sonne scheint, die Terrasse ruft, der Grill glüht und der Wein atmet sowieso schon vor sich hin. Kurz vor der Kasse trifft man dann aufeinander. Und weil man sich ja lange nicht gesehen hat, es alle so machen, aus reiner Höflichkeit, wahrhaftigem Interesse oder aus Liebe zu Klatsch und Tratsch stellt man die Frage der Fragen: »Wie geht's?«

Setzen, jetzt folgt der Monolog!

Vom Magengeschwür des Katers, das nur festgestellt wurde, weil das ausgewürgte Haarknäuel auf einmal so anders aussah als sonst, über die verlassene Freundin des Mannes der Bekannten des Schwagers einer Freundin aus der Schweiz bis hin zum Fersensporn von Tante Magda und weiter zum Wetter. Ach, und da wäre ja noch die eigene Gesundheit. Nein, damit sieht es auch nicht gut aus. Depressionen. Schon lange. Wegen der Scheidung. Therapieplatz nicht in Sicht. Dieses Deutschland – zu wenig Ärzte. Zu wenig Unterstützung im Gesundheitswesen. Schwupps: Themenwechsel zu den armen Altenpflegern. Unterbesetzt, unterbezahlt, aber dem Himmel sei Dank nicht unterernährt! Wo wir doch bei dem Thema Ernährung sind, die WHO hat vor kurzem … Na? Sehen wir, wohin das führt?

Wer ehrlich fragt, sollte selbstverständlich eine ehrliche Antwort bekommen. Aber wollen wir das denn auch? Wollen wir Samstagnachmittag dreieinhalb Stunden im Supermarkt auf einem Klappstuhl vor der Kasse Platz nehmen und uns die Hochs und Tiefs im Leben des Anderen anhören, während die Butter in unseren Händen schmilzt und das Filet vierkant in der Tüte beginnt, nach mehr Meer zu riechen, als jemals drinstecken könnte? Nein! Im Regelfall wollen wir das nicht.

Sicher muss man unterscheiden, wen man fragt. Vom Partner möchte man auf die ehrliche Frage auch eine ehrliche und sogar ausführliche Antwort. Selbstverständlich nimmt man sich hier Zeit für Rat und Tat, leiht ein Ohr oder zwei, hört zu, nimmt auf und gibt sogar Anregungen und Ratschläge. Monolog = Dialog.

Bei Verwandten ist das Interesse am Wohlbefinden natürlich auch immens groß, jedoch schon weniger als beim Partner. Und bei den engsten Freunden ist das Interesse ebenfalls groß, jedoch schon weniger als bei den Verwandten. Manchmal. Manchmal ist es auch größer. Je nachdem, wie nahe man sich steht. Und das ist der springende Punkt: die emotionale Distanz.

Je wichtiger mir mein Gegenüber ist, umso ernster meine Frage und das Interesse an einer ehrlichen Antwort. Nun fragen wir. Wir fragen häufig. Um Interesse zu zeigen, meist auch dann, wenn eigentlich keines da ist. Der springende Punkt ist unser Gegenüber. Auch hier ist man sich der Sache mit der Ehrlichkeit und der emotionalen Distanz bewusst. Und deshalb lautet die Antwort auch »Gut, danke!« – auch wenn es ganz anders ist. Unser Gegenüber hat meist kein Interesse daran, sich emotional vor uns auszuziehen. Immerhin sind wir ja nur der alte Bekannte. Uns geht es nichts an, wir wollen es doch sowieso nicht wissen. Stimmt! Fassen wir also zusammen:

Wir haben wenig Lust zu fragen, weil wir wenig Lust und Zeit für eine ehrliche Antwort hätten. Unser Gegenüber hat wenig Lust, ehrlich zu antworten, weil es uns schlichtweg nichts angeht. Warum zum Geier fragen wir dann überhaupt, und warum antworten wir, wenn die Frage schon gestellt wurde? Wie überraschend doch folgende Situation wäre – selber Samstag, selbe Begegnung:

»Hallo, lange nicht gesehen! Wie ich sehe, lebst du, deine Vitalfunktionen funktionieren, du kaufst ein und bist somit nicht pleite oder am Hungern. Nett, dass wir uns gesehen haben, mir hätte aber auch nichts gefehlt, wärest du da vorne zum Obst und Gemüse abgebogen.« »Hi, stimmt. Lange nicht gesehen. Ich habe weder Zeit noch Lust, mich auszutauschen. Grüße an deinen Bruder und by the way – ich muss noch Lauch holen!«

Durchaus befremdlich.

Ja, ich weiß, dass diese Zeilen teils vor Sarkasmus und Ironie strotzen und das mit Absicht. Denn wenn wir wirklich ehrlich sind, dann erkennen wir uns allesamt in dieser oben genannten oder einer ähnlichen Situation wieder. Fragen ist nett. Man passt sich gesellschaftskonform an und den einen oder anderen freut so eine oberflächliche Frage sicher auch wahrhaftig. Den einen oder anderen fragen wir sicher auch wahrhaftig und nicht oberflächlich. Jedoch bleibt es in den meisten Fällen eine alltägliche Floskel, ein nett gemeinter und unehrlicher Zeitfresser beider Parteien. Also warum nicht gleich ehrlich sein, darauf verzichten und seine Zeit sinnvoller nutzen?

Mein Rat an dieser Stelle: Solange es sich gut anfühlt zu fragen und/oder ehrlich zu antworten, sollte man es beibehalten, sich jedoch dafür sensibilisieren, dass wir häufig Dinge tun, hinter denen wir nicht stehen und das nur angetrieben von dem Glauben, es würde von uns verlangt werden oder es gehöre sich so.

Meine Idee für dich

Sei einen Tag lang vollkommen ehrlich!
Zu dir und zu allen anderen!
Vor allem aber zu dir!

Was für Erkenntnisse hast du daraus
mitgenommen?

_____

_____

_____

_____

_____

_____

_____

_____

_____

_____

Unsere Träume

Als wir uns vor einiger Zeit auf den Weg nach Föhr begaben, blickte ich bei der Fährüberfahrt aufs Meer. Hypnotisch tanzende Wellen, Rauschen, die Undurchdringlichkeit der schier unendlichen Geheimnisse unter der Wasseroberfläche und das plötzliche Auftauchen einer Robbenflosse haben mich im Herzen berührt. Mich tief getroffen, weil sie mich in meinem Ich, meiner Seele, in meinem verwachsenen Sein mit dem Meer in so tiefer Weise getroffen haben. Das Meer ist ein Teil von mir, lässt mich hoffen, träumen, zieht mich magisch an, beruhigt und ängstigt mich zugleich, trägt meine Wünsche und Hoffnungsschimmer fröhlich tanzend mit seinen Wellen bis an den Horizont und genießt stets mein vollstes Vertrauen, dass die Hoffnungen meines Herzens ihren Empfänger finden. Am Meer schweife ich in die Ferne, nehme Abstand zu Außen und bin mir selbst so nah wie sonst kaum. Hier möchte ich immer sein! Doch verweile ich nur für einen kurzen Augenblick und kehre dann wieder zurück. Der Alltag wartet auf uns. Die kurze Auszeit dient dem Laden des Akkus. In wenigen Tagen heißt es dann wieder funktionieren. Aktuell tauschen wir Geld in Zeit. Und diese Rechnung wird ebenso wenig aufgehen, wie Zeit in Geld einzutauschen. Und doch basiert fast alles in unserer Gesellschaft auf einem der beiden Prinzipien.

Wer hat nicht auch schon von der gestressten Hausfrau gehört, die sich nur einmal ein wenig Zeit genommen hat – für

150 Euro im Spa in Form einer Teilkörpermassage. Oder der Selbstständige, der für ein Wochenende mit der Familie am Meer überteuerte 3.000 Euro bezahlt, nur um in den Genuss der Zeit mit den Liebsten, für sich und zum Abschalten zu kommen.

Jeder kennt diese Geschichten und sie sind ausdehnbar.

Wir lesen viele Bücher, Blogs und verfolgen Einträge in den sozialen Medien über das tolle Leben, das andere führen.

Sie lassen uns teilhaben an ihren Träumen und deren Verwirklichung. Und wir verfolgen es, wir nehmen Platz in ihrem Leben und in ihren Träumen und fühlen uns entweder erfüllt, über die Suggestion des Glücks nach Erfüllung eines Wunschtraumes oder wir fühlen uns leer und niedergeschlagen, weil wir nur zu Gast im Glück eines anderen sind.

Unser Glück hat sich hinten angestellt. Es steht tagtäglich in den Startlöchern und wartet darauf, dass wir endlich loslegen. Wir uns loslösen. Nicht mehr das machen, was andere von uns erwarten, nicht mehr das tun, was andere brauchen, um Erfüllung zu finden. Sondern an uns denken! Loslegen und unserem Herzen folgen!

Ich sollte an dieser Stelle kurz erwähnen, dass ich es absolut befürworte, sich für die Qualität seiner Freizeitbeschäftigungen und Fürsorge für sich keinen finanziellen Rahmen festzulegen. Denn würden wir dies tun, uns einen Rahmen setzen, dann würden wir uns selbst auf einen Wert reduzieren, den wir bereit sind für uns zu investieren. Und wer mag schon von sich behaupten, er sei sich und seinem persönlichen Glück nicht 3.000 Euro wert? Niemand! Anspielen möchte ich auf den Sachverhalt an sich, ihn ankreiden und an den Pranger stellen und wenn nötig, zusätzlich noch mit Farbe beschmieren, damit er auffällt! Es läuft gravierend etwas verkehrt, wenn wir

Geld aufwenden müssen, um uns vermeintlich »mehr« Lebenszeit zu schenken, was grundsätzlich ein Irrglaube ist, da wir alle zu Anbeginn ein Stundenkonto eingerichtet bekommen haben, das uns niemals zur Einsicht zur Verfügung stehen wird. Es läuft auch gravierend einiges verkehrt, wenn wir Geld aufwenden müssen, um unsere Zeit hin und wieder so zu gestalten, dass es sich anfühlt, als dehnen wir sie aus.

Ich meine damit nicht alltägliche schöne Aktivitäten oder die Traumreise, sondern den Irrsinn des »Sich-Zeit-Nehmens«. Uns stehen immer mehr Möglichkeiten zur Verfügung gegen einen gewissen Obulus mehr in kürzerer Zeit zu schaffen, schneller voranzukommen oder effizienter zu sein. Alles wird optimiert, damit man Zeit spart. Doch die Optimierung kostet stets den ein oder anderen Euro. Und wenn man dann einfach mal entspannen möchte, so investiert man meist wieder das gute Geld, um den Urlaub so entschleunigt wie möglich zu gestalten, weil man vom ganzen effizienten schnellen Geld-verdienen ganz wuschig geworden ist. Und es läuft etwas falsch, wenn wir unsere so kostbare und in Geld nie aufzuwiegende Zeit investieren, um Geld zu bekommen, welches wir dann wiederum in eine der ersten primitiven Vorgehensweisen investieren.

Ach, du doofer Mensch. Wieso hast du bloß solch ein Prozedere geschaffen, und wieso laufen wir wie die Affen dem Zucker diesem »Weltbild« hinterher, ohne es zu boykottieren?

Die Sinnhaftigkeit werde ich nie verstehen.

Die Erfüllung unsere Träume hat dagegen eine Sinnhaftigkeit, die elementar wichtig ist und für mich deshalb auch explizit hervorgehoben werden muss!

Während viele Behauptungen in der Welt kursieren, das Leben sei so kompliziert und es sei so schwer, glücklich zu sein, widerspreche ich diesen Aussagen ganz klar. Nein! Es ist weder schwer, noch kompliziert und schon gar nicht unmöglich, glücklich zu sein. Ich gehe sogar so weit, lehne mich aus dem Fenster und behaupte in Anlehnung an die Sicherheit des von mir gespannten Fallnetzes aus Naivität, Hoffnung und Vertrauen ins Leben, dass glücklich sein verdammt einfach ist. Aktuell gehen die meisten Menschen auf Suche nach ihrem »Warum« und übertreffen meiner Meinung nach damit jede filmreife Vorstellung von Indiana Jones. Es werden Pläne geschmiedet, Fachleute befragt, Freunde aktiviert und das eigene Hinterstübchen auf Zack gebracht, damit die Suche nach dem Schatz auch alsbald starten kann und von Erfolg gekrönt sein wird. Sie laufen los, im Stechschritt. Wie der Jagdhund, nach dem Blut des angeschossenen Rehs lechzend, streifen sie mit irrem Blick durch das eigene Leben. Gehetzt. Der Sabber fliegt bei jedem Blick durchs Dickicht von rechts nach links, der Atem geht schwer.

Und dann?

Irgendwann werden sie ihren Schatz vielleicht finden. Doch während sie in aller Hektik bereits tausendmal daran vorbeigelaufen sind, haben sie Energie verbraten. Waren gierig nach dem Suchen, nicht nach dem Finden. Enttäuschung macht sich breit.

Denn die Suche nach der Beute hat, ähnlich unserem Beispiel des Jagdhundes, nicht nur Energie, sondern auch Zeit gefressen und so sind wir in einem ähnlich leblosen Zustand wie unser Objekt der Begierde – halb tot. Miteinander ist nicht mehr viel anzufangen. Am besten lassen wir es also gleich ganz.

Wir sind wie die Irren schon fast krankhaft auf der Suche nach unserem Warum und dieser Weg kostet die meisten von uns eine immense Kraft. Sie verausgaben sich, wollen endlich ans Ziel kommen und sehen vor lauter Dramatik und Drang dann das Gold zwischen allen Schätzen nicht mehr. Rennen mehrfach daran vorbei und erkennen nicht, was bereits vor ihnen liegt. Bei aller Dramatik der vergangenen Suche und der damit einhergehenden Erschöpfung ist die Enttäuschung über das, was sie dann finden, meist groß. Denn das, was wir suchen, ist seit Anbeginn in uns. Verankert in jeder Faser unseres Seins, in jedem Atemzug, in unserer DNA. Wir brauchen kein Warum! Und wir brauchen auch keine Schatzsuche! Wir brauchen auch keine Lebensbestimmung, keinen grandios überschwelgenden Sinn.

Wir brauchen unsere Träume. Unsere Wünsche. Wir brauchen uns!

Wir brauchen das, was uns im Schlaf lächeln lässt, was uns als Kind bunte Tagträume beschert hat, was uns fühlen lässt, zu Hause zu sein. Wir brauchen das, was uns die Zeit vergessen lässt, was unser Herz und unsere Seele so groß macht, dass dieses Gefühl der Glückserfüllung schon fast wehtut. Wir brauchen das, was uns beim bloßen Gedanken daran absolute Liebe und Freude spüren lässt.

Was liebst du? Wobei verlierst du das Gefühl für Zeit und Raum und gewinnst im gleichen Atemzug so viel Bezug zu dir selbst? Wo kommst du bei dir selbst an? Was ist es, was dich fühlen lässt, mit dir und bei dir zu Hause zu sein? Hier kommt es nur auf dich an. Hier zählt nicht der Vergleich mit anderen Menschen.

Wir können so leicht glücklich sein, indem wir lernen, uns dem zu widmen, das wir lieben, das uns guttut und uns die Wünsche und Träume erfüllen, die tief in unseren Seelen und Herzen verankert sind. Wir sind sie und sie sind wir. Du bist dein Traum und dein Traum lebt durch dich.

Und wenn wir das begreifen, dann finden wir wahrhaftig unseren Schatz, dann finden wir unseren Seelenfrieden und unser Glück!

Meine Idee für dich

Hab keine Angst! Widme dich dem, was dein
Herz erfüllt und du wirst sehen, dass es dein
ganzes Ich erfüllt.

Also? Was liebst du?
Wobei schlägt dein Herz Purzelbäume?

_____

_____

_____

_____

_____

_____

_____

_____

_____

_____

Lieb los!

Fernab von jeglichem missmutigen Gefühl und geleitet von ganz viel Liebe, Zuneigung, Fürsorge und sicher auch der einen oder anderen im Hintergrund schwebenden Erwartungshaltung hat sicher schon jeder ein Überraschungsabendmahl mit Kerzenschein, Musik und gutem Wein für den Liebsten oder die Liebste gezaubert.

Weil die Woche stressig war. Weil es Zeit wird für Entspannung. Weil man den Abend davor vielleicht Streit hatte. Weil der andere eine Überraschung verdient. Weil man sich selbst beschenken möchte, indem man seinem Gegenüber eine Freude macht. Alles passt: das kleine Schwarze aus der Zeit vor der Schwangerschaft, der Wein zum Essen, die frohlockende Musik zum vor Vorfreude kribbelndem Magen, die roten Kerzen zu den roten High Heels und das Timing sowieso!

Die Vorfreude steigt. Nicht nur auf das vor Freude und Überraschung strahlende Gesicht des anderen, sondern auch auf die Erfüllung der kleinen und im Inneren versteckten Erwartungshaltung, dass das aphrodisierende Essen seine Wirkung in keiner Weise verfehlt und das, einer Yogaübung gleichkommende, Waxing der letzten Stunden sich auch auszahlt.

Stunden später findet sich nichts mehr dort wieder, wo es einmal war. Das Essen ist im verschmorten Zustand gleich neben den eigenen hoch jauchzenden Gefühlen im Müll gelandet, der gute Rote bereits im Mageninneren verschwunden, die

High Heels vor Wut in die Ecke geschleudert und die Kerzen sind bis zur Unkenntlichkeit abgebrannt. Wie das eigene Selbstwertgefühl haben sie sich in eine, auf der Tischdecke verteilte, Wachspfütze verwandelt, die keine Erinnerung mehr an den Ursprungszustand zulässt.

Von »himmelhoch jauchzend« zu »zu Tode betrübt«.

Doch was ist geschehen? Das Leben! Mit all seinem Witz und Übermut! Denn, wie es manchmal so geschieht, läuft auch im Arbeitsalltag nicht alles nach der Stechuhr. Der letzte Kunde blieb länger, man konnte erst später Feierabend machen, hatte einen bombastischen Hunger und ist grundlegend davon ausgegangen, dass der Partner zu Hause das eigene Bedürfnis nach Nahrungsaufnahme längst erfüllt und bereits gegessen hat.

Somit führte der Weg von der Arbeit nicht schnurstracks nach Hause, sondern über einen Umweg zur nächsten Pommesbude. Welch fataler Fehler! Sobald die Haustür aufgeschlossen und klar wird, was der eigentliche Plan des Abends war, bricht die Hölle los. Gegenseitige Vorwürfe, gekränkte Gefühle. Um von dem verletzten Stolz abzulenken, wird darauf losgeschossen, was das Zeug hält.

Natürlich, der Überstunden-schiebende Partner hätte sich mal melden und erklären können, dass er später kommt. Er hätte sich auch postwendend nach der Mehr-arbeit auf den Weg nach Hause machen und so vielleicht wenigstens das Essen retten können. So oder so ändert es jedoch nichts daran, dass er von der Überraschung nichts wusste, was der Sinn einer Überraschung ist, somit keine Zeit eingeplant hat und hinter all seinem Tun keine böse Absicht stand.

Der Überraschungsplaner hätte einen Wink geben können, um das pünktliche Erscheinen am Abend zu gewährleisten, hätte sich somit wahrscheinlich aber das Überraschungsmoment verdorben und die dahinterstehende Spontanität genommen. Er hätte auch nach Verstreichen der regulären Nach-Hause-kommen-Zeit des Partners mit einem Anruf die Lage abklären und die Schärfe aus der Situation nehmen können.

So oder so ändert sich jedoch nichts daran, dass er der Einzige war, der von der Überraschung wusste, mit den besten Absichten gehandelt hat und jedes Wort der Planung die Überraschung wohl verdorben hätte. Man könnte die Sache, im Vergleich zum Abendmahl, als gegessen betrachten, geht sich aber an die Gurgel, sobald man aufeinandertrifft. Warum?

Weil mit der Erwartungshaltung an den Verlauf des Abends Gefühle geknüpft waren, die nun enttäuscht wurden und unerfüllt bleiben. Weil Unwissenheit nun einmal doch vor Strafe schützt, man sich zu Unrecht angegriffen und in die Ecke gestellt fühlt. Und weil Angriff schon immer die beste Verteidigung war, wird aus allen Rohren gefeuert. Die Vorwürfe und Diskussionen ziehen alsbald große Kreise und erreichen immense Ausmaße, die mit dem eigentlichen Problem rein gar nichts mehr zu tun haben. Über kurz oder lang ist der Streit hochgekocht. Vorhaltungen, mangelnde Fairness und die eigenen Gefühle brauen einen ekelhaften Cocktail zusammen, der sich schlechter schlucken und verdauen lässt als die Königsberger Klopse der Schwiegermutter. Für mehrere Tage ist das Kind »harmonische Beziehung« somit in den Brunnen gefallen. Wäre doch nur die Liebe in diesem Moment am größten gewesen!

Stünde die Liebe zu sich selbst für den Überraschungsplanenden im Vordergrund, wäre kein Platz mehr für Zweifel, dass das unpünktliche Erscheinen persönlich genommen werden muss. Man wäre im Reinen mit sich, wäre »klippo« und in sich ruhend. Die Situation würde einen nicht aus der Fassung bringen.

Wäre die Liebe zu dem Partner vordergründig (aus Sicht des Kochs), würde man ihm keine Absicht unterstellen. Man würde neutral auf die Situation schauen und wissen, dass dieser Umstand rein gar nichts mit einem selbst zu tun hat. Und aus Sicht des zu spät kommenden Partners würden der Schmerz und die Enttäuschung deutlich hinter dem Zorn des anderen erkannt und das Gute im eigentlichen Sinne (die geplante Überraschung) gesehen werden. Absichtslosigkeit, Bedingungslosigkeit, Verständnis, »ich sehe dich« treten dann anstelle des Streites in Aktion, wenn die Liebe füreinander in den Vordergrund rückt.

>>

Der Planet braucht keine erfolgreichen Menschen mehr. Der Planet braucht dringend Friedensstifter, Heiler, Erneuerer, Geschichtenerzähler und Liebende aller Arten.

Dalai Lama

Ich bin der absolut festen Überzeugung, dass es eine einfache Formel im Leben gibt, durch die so viel Unheil und Misere im Keim erstickt werden könnten.

Lieb los! Liebe dich, liebe deine Mitmenschen. Empfange Glück durch die Liebe! *Glückliche Menschen tun gute Dinge und gute Dinge braucht die Welt. Und die Welt wird von dir gebraucht.*

Die aktuellen Zeiten sind durch Corona nicht immer ein-

fach. Die Ungewissheit über den Verlauf der Zukunft, Planungs-
unsicherheiten, Existenzängste, Kontaktsperren und suggerierte Ängste rauben uns unsere Grundbedürfnisse: Liebe, Freiheit,
Sicherheit.

Das Grundbedürfnis der Selbstverwirklichung wird durch
die Machtlosigkeit und eingeschränkte Entscheidungsfreiheit
beengt. Gefühlt geht alles, was wir für unsere Grundbedürfnisse brauchen, den Bach hinunter und wir stehen mit offe-
nem Mund und Tränen in den Augen daneben. Und weil unsere Trauer Raum braucht, suchen wir einen Schuldigen. Jemanden, den wir für unser Unglück verantwortlich machen können.
Meist scheine ich die Schuldige für viele in meinem Umfeld zu
sein – zumindest macht es auf mich den Anschein. Dies habe ich
zu Zeiten des ersten Lockdowns selbst erlebt:

Beim Einkaufen trug ich anscheinend ein imaginäres Schild
mit dem Aufdruck »Ich habe Corona produziert« über meinem Kopf und zog somit mehr Unmut auf mich, als ich jemals
im Laufe meines Lebens in Schuhen umgerechnet an meinen
Füßen tragen könnte. Von Pöbeleien, weil mein Einkaufswagen
drei Zentimeter zu weit über die Haltelinie vor der Fleischthe-
ke ragte, über verachtende Blicke, weil ich für den Sekunden-
bruchteil eines Kusses für meine kleine Tochter die Maske lüf-
tete, war alles dabei. Und stets der bohrende Blick voller Fragen und Ratlosigkeit, weil ich mit einem zauberhaften Lächeln
durch den Laden lief. Und ja! Ein lächelndes Gesicht kann man
auch von einem grimmigen hinter der FFP2-Maske hervorra-
gend unterscheiden – ein Blick in die Augen reicht und es wird
schnell deutlich, ob Frust oder Freude einen anspringen.

Natürlich! Auch mir geht alles auf den Sender! Mehr als
das! Ich kann es nicht mehr ertragen. Es nervt mich nur noch!

Jedoch habe ich jeden Morgen die Wahl, ob ich mich von

meinem genervten Grundtonus in eine Miesepeter-Stimmung ziehen lasse und wie ein Faultier in Slow Motion griesgrämig durch die Gegend streife oder mir jeden Tag aufs Neue ein anderes Highlight suche, das durchaus kleiner gesteckt ist als ein laufender Meter.

Es ist eine Kunst und – das möchte ich nicht einfacher darstellen, als es ist – kräftezehrend. Jeden Tag aufs Neue suche ich nicht nur für mich nach einer berauschenden und den Tag erhellenden Beschäftigung, sondern auch für meine Tochter und, weil er am Ende des Tages von einer gut gelaunten Ehefrau und Tochter profitiert, für meinen Mann. Ähnlich der Frage des Tages »was essen wir heute«, geht die Frage nach der aufhellenden Alltagsbeschäftigung tagtäglich in die scheinbar unendliche · Verlängerung. Der Radius um die eigenen vier Wände wurde damals tagtäglich weiter gesteckt, während die Ideenfindung mich immer weiter kostengünstig in die Natur zog und sie es auch heute noch tut. Aber gut, Geld ausgeben konnte man auch schlecht, war ja alles geschlossen. Und by the way, ist »back to nature« nicht umsonst eine Form der Therapie! Dennoch kam ich immer wieder an einen Punkt, an dem ich jeden Hamster beneidete. Sobald dieser von seinem stetig drehenden Rad genervt ist, steigt er einfach aus. Was für eine goldige Vorstellung!

Mein Rad dreht sich weiter. Ich suche nach Beschäftigungen. Ich finde Beschäftigungen. Ich finde Wege. Ich finde Mittel. Ich erfinde mich neu. Ich erfinde den Alltag neu. Und ich finde, ich mache das gut. Denn auf eines habe ich keine Lust – auf negatives Empfinden durch die Außenwelt. Und so geht's voran. Und so kann es sein. Ein Lächeln kann vieles verändern, wenn es unverhofft, zum richtigen Zeitpunkt und mit viel Herz einschlägt. Es ist der bessere Überträger. Ein Überträger von Emotionen.

Wenn der Stress von außen zu groß wird, dann lächle ich für mich allein. Auch wenn die Wände unserer gesunden und gut funktionierenden Partnerschaft dick und solide gebaut sind wie die des Hoover Staudamms, so werden diese auf eine harte Probe gestellt, wenn zugleich tonnenschwere Wassermassen, ein Erdbeben, Schneestürme und etwaige andere Naturkatastrophen aufeinander und die Wände prallen.

Was da hilft? Ich habe ehrlich gesagt keine Ahnung! Doch dass Druck grundsätzlich Gegendruck erzeugt, ist den meisten nicht erst seit Schulzeiten klar. Wird der Druck von außen zu groß, wird er weitergegeben. Und weiter. Und weiter. Und entweder wird daraus ein Domino-Tsunami-Effekt, der alles unter sich begräbt, oder ich bin schlauer als das System und mopse einfach einen Stein aus der sich alles vernichtenden Welle. Und so versuche ich den Druck herauszunehmen, abzuleiten, ihn in Energie umzuwandeln. In gute Energie. In neue Projekte. In eine neue Sicht auf die Dinge! In Liebe!

Dass Stress zwar das Herz schädigt, jedoch nicht unsere Liebe zerstören kann, ist wissenschaftlich zwar nicht bewiesen, aber mit dem Menschenverstand durchaus zu begründen. So können also Stresssituationen, die von außen kommen, den Druck erhöhen, uns versuchen zu entzweien, uns zu schaden und kleinzumachen, wütend auf den Partner machen und uns dumme Entscheidungen treffen lassen. Würden wir also eine bedingungslose und absichtslose Betrachtungsweise der Situationen einnehmen, könnten wir die Chance sehen, noch größer miteinander zu werden. Überstehen wir Krisenzeiten Hand in Hand, so macht es uns als Paar stärker, schlauer und liebender. »Wir beide gegen den Rest der Welt« – ein schönes Gefühl! Und noch schöner wird es, wenn man als bestes Beispiel vorangehen und sagen kann »Wir beide FÜR den Rest der Welt!« Schon mal den Partner einfach so und aus heiterem Himmel in den Arm genommen? Liebt los! Ich glaube fest, dass darin der Schlüssel zur Lösung für viele unserer Probleme liegt.

Wir sollten wieder beginnen, uns zu lieben, wie wir sind. Und nicht, wie uns die Masse vermeintlich haben möchte.

Wir sollten wieder beginnen, unsere Mitmenschen zu lieben und ihnen freundlich und offenherzig entgegenzutreten.

Wir sollten wieder beginnen, die Natur und die Tiere zu lieben. Aus ihr kommen wir, ohne sie können wir nicht sein und ohne sie nicht leben.

Schluss mit Lieblosigkeit. Schluss mit Angst. Schluss mit Kampf. Schluss mit Stress. Liebt los! Für dich, für mich, für uns.

Meine Idee für dich

Mach drei Menschen eine Freude. Ob eine Postkarte an die beste Freundin, Blumen für die Arbeitskollegin oder Brötchen für die ältere Dame vor dir beim Bäcker bezahlen.

Sei gut!

Agiere mit und durch die Liebe und schau, was passiert.

Was passiert in dir und wie ist die Reaktion deines Gegenübers?

Drauflos gelebt

Der Druck, dem Leben, das man führt, eine sich steigernde Qualität einzuhauchen, wird meiner Meinung nach immer größer!

Selbstverständlich bin ich – ganz grundsätzlich und diese Meinung vertrete ich ja sehr häufig – der Auffassung, dass wir durchaus danach streben sollten, uns nicht mit »gut« zufriedenzugeben, sondern stets die Erweiterung und das »Mehr« für uns und unser Leben zu finden.

Dies sollte jedoch sanft geschehen, durch gute Gedanken, Manifestation, Affirmation, Änderung des Mindsets und so weiter. Auf Knopfdruck geschieht das nicht und schon gar nicht kann so etwas herbeigezwungen werden!

Ganz nach dem Sprichwort »in der Ruhe liegt die Kraft« darf man seiner Veränderung entgegensehen und auch einmal darauf vertrauen, dass alles zu einem kommt, was zu einem kommen soll! Im Jetzt sein. Sein. Ohne Rückblick auf die Vergangenheit oder Spekulationen über die Zukunft. Dennoch üben besonders die sozialen Medien heutzutage einen enormen Druck auf uns aus.

Just in dem Moment, wo man Instagram oder Facebook öffnet, lachen einem schon die unfassbar tollen Lebemenschen entgegen, die frei, losgelöst und jeden Tag vor Glück und absoluter Heiterkeit strahlend ihre Lebensweisheiten verkünden. Es wird in kurzen Reels oder Storys oder Postings vom eigenen Lebensweg berichtet, der Vergangenheit, die man satthatte, dem Job, den man über Nacht geschmissen und das coole Hobby, welches man kurzerhand zum Beruf gemacht hatte. Es wird aufgetrumpft und maßlos übertrieben.

Denn eines kann ich ganz steif und fest behaupten: Im World Wide Web ist vieles durchaus mehr Schein als Sein!

Sicher, viele mögen mit ihren Bildern, ihren Texten, ihren Videos und ihrer Message durchaus etwas bewirken: Sie regen zum Nachdenken an, zur Selbstreflexion. Die Menschen beginnen, über sich und ihr Leben nachzudenken, es zu hinterfragen und gewinnen vielleicht sogar durch den einen oder anderen Post den Mut, etwas zu verändern. Endlich einmal an sich zu glauben, ein Abenteuer zu wagen oder den Absprung zu schaffen. Der eine Post von mir kann grundlegend motivieren und lebensverändernd für jemand anderen sein. Wie ein Buch, welches uns tief in der Seele berührt hat, oder ein Musical, bei dessen Melodie wir noch nach vielen Jahren emotionale Erinnerungsgänsehaut bekommen, kann diese eine Botschaft einen bleibenden Eindruck hinterlassen.

Dennoch sollten alle motivierenden und lebensbejahenden Postings, die einen so scheinbar mühelosen Lebenswandel zeigen, durch mehrere Brillen teils kritisch betrachtet werden. Denn nicht jeder ist über Nacht zu seinem Superleben gekommen. Hinter vielem stecken enorme Arbeit, Geduld und Investitionen. Der Druck, der sich beim Betrachter aufbaut, selbiges zu erreichen, wächst stetig, je mehr er von diesen lebensbejahenden und zur Veränderung antreibenden Postings zu Gesicht bekommt.

Wir fühlen uns irgendwann gehetzt, genau das zu erreichen, und das bitte auch im Eiltempo. Jeder Tag, den wir dann mit süßem Nichtstun vergeuden oder aufgrund unseres kräftezehrenden Jobs abends verfrüht und übermüdet ins Bett fallen, statt hoch motiviert unsere Visionboards abzuarbeiten, kommt uns wie ein verlorener Tag vor. Und je mehr solche vermeintlich verlorenen Tage es gibt, desto gestresster werden wir im Leistungsdruck um das perfekte losgelöste »lazy Leben«. Dazu möchte ich Folgendes anmerken:

Wenn man etwas aus Leidenschaft tut, dann fühlt es sich leicht und locker an. Es geht fluffig von der Hand, ohne dieses »Muss« im Hintergrund, das einen stresst und drängt. Man kann nicht mehr ohne die so erfüllende Aufgabe und widmet sich ihr genauso gerne und voller Vorfreude wie dem ersten Kaffee am Morgen. Ohne geht es nicht mehr, man entwickelt eine Freuden-Routine!

Ein positives Mindset kommt nicht so einfach über Nacht dahergeflogen und viele verwechseln es zudem mit einem breiten Dauergrinsen. Doch möchte ich eben eines klarstellen: Ein positives Mindset bedeutet NICHT, dauerhaft die rosarote Brille zu tragen, dauerhaft zu lächeln und alles schönzureden. Warum nicht? Nun, weil das Leben so nicht spielt und es genauso normal ist, auch andere Gefühle wie Wut, Trauer, Ärger, Angst, Missgunst, Neid und so weiter zu fühlen.

Wir sind nicht schwarz oder weiß! Menschliche Gefühle sind bunt! Und zwar in allen Farben. »Sich schwarzärgern«, »grün vor Neid sein« oder »vor Wut rotsehen« sind Redewendungen, die jeder kennt, derer sich jeder schon einmal bedient hat und die recht merkwürdig in farbloser Ausführung wirken würden: »Da habe ich mich blassgrau geärgert« hört sich schon recht seltsam an.

Unsere Emotionen sind Farben! Wir dürfen vollends in den großen Malkasten greifen und uns bei der Ausführung unserer emotionalen Welt aller Farben bedienen. Herrlich! Und drübermalen ist absolut erlaubt. Also ganz anders als früher in der

Schule, wo uns immer gesagt wurde, wir dürften nicht über den Rand malen. Alles Quatsch! Die rosarote Liebe. Man stelle sich glühend heiße Leidenschaft, Küsse, Verlangen, Lust und pulsierende Liebe mal formatiert vor. In einen Rahmen gequetscht, damit wir bloß nicht drübermalen. Wie grauenvoll diese Vorstellung ist! Also ist klar – Emotionen sind bunt. Das Leben ist bunt.

Doch was genau meinen denn dann alle, wenn sie vom positiven Mindset reden? Für mich ist es ganz klar der Umgang mit negativen Gefühlen, Situationen oder Menschen! Nicht das breite Dauergrinsen. Die Art der Reaktion auf uns und unser Umfeld zeigt das Mindset. Reflektieren, ein Bewusstsein für sich entwickeln und akzeptieren, dass das Leben nicht nur aus Sonnenschein besteht, ist meiner Meinung nach der Schlüssel für ein positives Mindset. Diese dauerhaft lachenden, ständig fröhlichen und uns vorgaukelnden rosaroten Instagram-Einhörner mit ihren Storys, in denen alles nur fantastisch ist, sie mit nur einer Entscheidung zum besseren Leben durch die Welt jetten und jeden Tag glücklich in den Tag hineinleben, sind FABELWESEN! Instagram-Einhörner. Das Gefährliche an solchen Posts ist zudem der Druck, der sich beim Gegenüber aufbaut, genauso ein »glückliches« Superleben zu führen – und das nur dank eines positiven Mindsets!

Ein positives Mindset schleicht sich nicht über Nacht in dein Unterbewusstsein. Es bedarf Routine, wiederkehrender Prozesse und vor allem Überzeugung, dass man das, was man denkt, sagt und fühlt, auch so meint. Authentische Überzeugung vom gewünschten Zustand. Hier helfen Wiederholungen, wie Vokabeln lernen in der Schule. Ja, auch ich war anfangs davon wenig begeistert, wobei ich sprachlich immer echt begabt war, tat sich ein Vakuum in meinem Kopf auf, sobald es ums stupide Auswendiglernen ohne jeglichen Einfluss von Kreativität und Einfallsreichtum ging. Dennoch verhält es sich bei der Entwicklung von neuen Routinen ähnlich wie mit der Erziehung eines Hundewelpen: wiederkehrende Rituale, in sanfter Konsequenz durchgeführt und an den Umstandsrahmen des Tages angepasst, Belohnungsleckereien als verstärkendes Goodie, und wenn einmal was daneben geht, einfach drüberwischen und weitermachen. Lobende Worte nicht außer Acht lassen! Ein »brav, fein gemacht« mochte schon jeder gerne mal hören.

Stellt sich nun langsam Routine ein, finden wir immer mehr Gefallen in unseren wiederkehrenden Prozessen des guten Denkens, fühlen wir uns wohl mit dem Rhythmus, den wir uns zu denken und fühlen selbst vorgegeben haben, dann ist es geschafft und wir haben unser Mindset umgestaltet. Wir sollten uns an dieser Stelle klarwerden, dass wir uns der Fähigkeit des guten Denkens im Alltag bedienen können, eine wahrhaftige Umgestaltung erfolgt aber nur dann, wenn wir im Sein ankommen und uns nicht stetig im Denken befinden. Es ist genau diese Kunst, ein Bewusstsein für die Gedanken zu entwickeln, die uns steuern. Solange es sich nicht frei, leicht und ungezwungen anfühlt, sollte man sich jedoch fragen, ob der Weg, den man gerade geht, auch der richtige für einen ist.

Auch wenn die Entwicklung neuer Prozesse und Routinen Arbeit bedeutet, so darf es sich meiner Meinung nach niemals nach Zwang oder Druck anfühlen. Wenn es aus mir kommt, der Wunsch zur Weiterentwicklung meinem Inneren entsprungen ist, dann fühlt es sich nicht nach »müssen« an.

Von jeder Arbeit, so auch der Weiterentwicklung, braucht man ab und an einmal eine Pause. Ich finde es vollkommen legitim, einfach mal drauflos zu leben, sich hinzugeben und anzunehmen, was der Tag einem bietet. Und wenn dies bedeutet, eine gute Netflix-Dokumentationsreihe über den irrwitzigen Landeanflug eines Albatros anzusehen und als einzige aktive Handlung des Tages der Laufweg vom Sofa zur Küche, um Chips zu holen, gezählt wird. Nach dem Motto »alles kann, nichts muss!« darf man auch einfach einmal vor sich hinleben. Ohne intellektuellen Anspruch an sich oder seine Umwelt zu stellen, sich als perfekt zu erachten, weil man die kleinen Anforderungen des Alltags – aufstehen, anziehen, arbeiten, Abendessen, ab ins Bett – gemeistert hat.

Raus mit dem Druck, immer etwas schaffen zu müssen, besonders zu sein, sich abzuheben oder sich zu erklären! Wir sind gut, wenn wir uns gut fühlen. Wir dürfen einfach drauflos leben, existieren und sein, wenn es sich gut anfühlt!

Meine Idee für dich

Erschaffe deinen Spoontaneous-Day!

Spoontaneous ist ein Spiel aus den Worten »spoon« – engl. für »Löffel«, und »spontaneous« – engl. für »spontan«. Sinnbildlich steht dieses Wort für spontane Aktivitäten, die unser Leben erfüllen, bevor wir den »Löffel abgeben«.

Such dir einen Tag pro Woche aus und mach das, was du schon immer einmal tun wolltest, wonach dir ist. Frei von jedem »aber«.

Du kannst deine Aktivität spontan wählen oder weit im Voraus planen. Wichtig ist, dass der Spoontaneous-Day sich wöchentlich (oder alle zwei Wochen) wiederholt.

Überrasche dich selbst, sei mutig. Gehe über deine Grenzen und koste das Leben so richtig aus.

Mit einem Taxi nach Paris? Hoch hinaus in den Kletterpark? Einmal vom Dreier springen? Fallschirmspringen aus dem Flugzeug? Picknick unterm Sternenhimmel mit der Liebsten / dem Liebsten? Oder einmal eine neue Sportart ausprobieren?

Leb drauflos! Keine Grenzen!

Meine ersten Spoontaneous-Day-Ideen sind:

_____

_____

_____

_____

_____

_____

Das Beste kommt zum Schluss – du

Nun sind wir am Ende meines Buches und somit am Ende einer gemeinsamen Reise angekommen. Es war schön mit dir! Dein Lächeln an der ein oder anderen Stelle im Buch, dein nachdenkliches Gesicht und die Tatsache, dass du am Ende angekommen bist, lassen mich vermuten, dass meine Worte Gehör gefunden haben.

Darüber freue ich mich natürlich, das lass dir schon einmal gesagt sein!

Dennoch möchte ich die letzte Chance nutzen und dir noch ein paar, so hoffe ich, weise Worte mit auf den Weg geben.

All meine Geschichten vom und über das Leben gründen sich auf meiner Wahrnehmung und meinem Verständnis von Glück. Meine Erfahrung, mein Austausch mit anderen Menschen und meine Beobachtungsgabe geben mir in meinem Verständnis sehr häufig recht.

Du hast viele Inputs, Anregungen und kleine Werkzeuge von mir mit an die Hand bekommen, die dir helfen können, deine eigene Definition von Glück wiederzufinden. Damit du dies jedoch nachhaltig in deinem Leben integrieren kannst, kannst du auf eines nicht verzichten! Und das bist du!

Du brauchst dich als Partner. Damit du langfristig glücklich bist, braucht es keine einmalige, euphorische, voller Tatendrang sprühende Umsetzung, sondern Ausdauer und Beharrlichkeit und vor allem Liebe zu dir selbst. Bitte, tue mir, weil ich für dich und dein Glück dieses Buch verfasst habe, und dir den Gefallen, und sei lieb zu dir. Höre liebevoll auf die Stimme deines Herzens, ignoriere sie nicht!

Dein Verstand mag die Worte deines Herzens manches Mal als töricht, unlogisch oder riskant abstempeln, doch möchte ich dich bitten, dir dann folgende Frage zu stellen: »Hast du stets wahrhaftig und liebenden Blickes alles dafür getan, dass du glücklich bist?«

Es muss nicht immer die 180-Grad-Wendung sein, die Kündigung im Job oder die Auswanderung nach Kuala Lumpur, die uns zum Glück verhilft. Wenn wir unsere Altlasten mit im Gepäck haben, hilft auswandern auch nichts.

Sieh genau hin, höre hin, fühle dich. Wo sind die Nuancen in deinem Leben zu finden, die dich stressen, dir Ärger bereiten, dich Unvollkommenheit, Missgunst, Neid und Leere fühlen lassen?

Viele unserer Probleme sind versteckte Herausforderungen, es kommt lediglich auf die Art der Betrachtung an und manches Mal hilft ein Handstand, um das Ganze einmal aus einer anderen Perspektive zu betrachten. Der Irrsinn der Welt geht auch weiter, wenn du nicht mehr mitmischt. Die Frage, die am Rande jedoch stehen bleibt, ist »Was machst du für dich aus diesem Leben?«

Bleibst du weiter in deinem Hamsterrad, deinen dich störenden Routinen und gefangen in deinen negativen Glaubenssätzen, oder wirst du bewusst, lernst, dir zuzuhören, genauer hinzuhören, deine Bedürfnisse zu äußern und für dich einzustehen? Geh los, orientiere dich an denen, die den ähnlichen Weg gehen, sei wachsam, dass du von deinem nicht abkommst und frage nach Hilfe, wenn du nicht weiterweißt. Aber: Lauf los! Halte nicht an! Oder nur dann, wenn du die grandiose Aussicht auf dein neues, fantastisches Leben genießen möchtest. Ja, dann bleib stehen, sauge mit all deinen Sinnen diesen Moment ein. Male ihn bunt aus und speichere ihn ab in der Gefühlsschatzkiste deiner Seele. Denn das, was du dort erlebst, ist das friedvolle Glück mit dem süßen Geschmack nach Freiheit und Einzigartigkeit!

Ich wünsche dir auf deinem Weg nur das Beste. Sei dir gewiss, dass ich dich in Gedanken immer begleiten werde. Vielleicht begegnen wir uns eines Tages. Vielleicht auch nicht. Und vielleicht sendest du mir eine Postkarte von deinem Ort des Glücks. Für meine Happy Wall.

Sei für dich da!

Deine Nadine

Literaturverzeichnis

Bambaren, Sergio: Der Traum eines Leuchtturmwärters – Ein Ort für deine Sehnsüchte, Piper 2019

Bambaren, Sergio: Der träumende Delfin – Eine magische Reise zu dir selbst, Piper 1999

Bambaren, Sergio: Die beste Zeit ist jetzt – Ein Buch für Träumer, Piper 2018

Bambaren, Sergio: Lebe deine Träume – Der Weg zu einem wahrhaft glücklichen Leben, Piper 2018

Carstens, Nadine: Du und das Tier. Brandursache Nachlässigkeit. 2022. https://www.duunddastier.de/ausgabe/stallbraende/

Housekeeping Monthly: Handbuch für die gute Ehefrau. 1955

Landeszentrale für politische Bildung Baden-Württemberg: Geburtsstunde des Frauenwahlrechts in Deutschland. 2022. Geburtsstunde des Frauenwahlrechts – 12. November 1918 (lpb-bw.de)

Reusch, Stefan: Glück, DW.com Sprachbar – Archiv 2009

Strelecky, John: Folge dem Rat deines Herzens und du wirst bei dir selbst ankommen, dtv Verlagsgesellschaft mbH & Co. KG 2021

Tolle, Eckhart: Jetzt – Die Kraft der Gegenwart, Kamphausen Media GmbH 2019

Welbhoff, Sophia: Die schönsten Zitate des Dalai Lama. 2022. Die schönsten Zitate des Dalai Lama (nord24.de)